교사를 위한 데이터 과학

Orange 3로 시작하기

장원빈, 강지호, 김도연, 김문기, 박상태

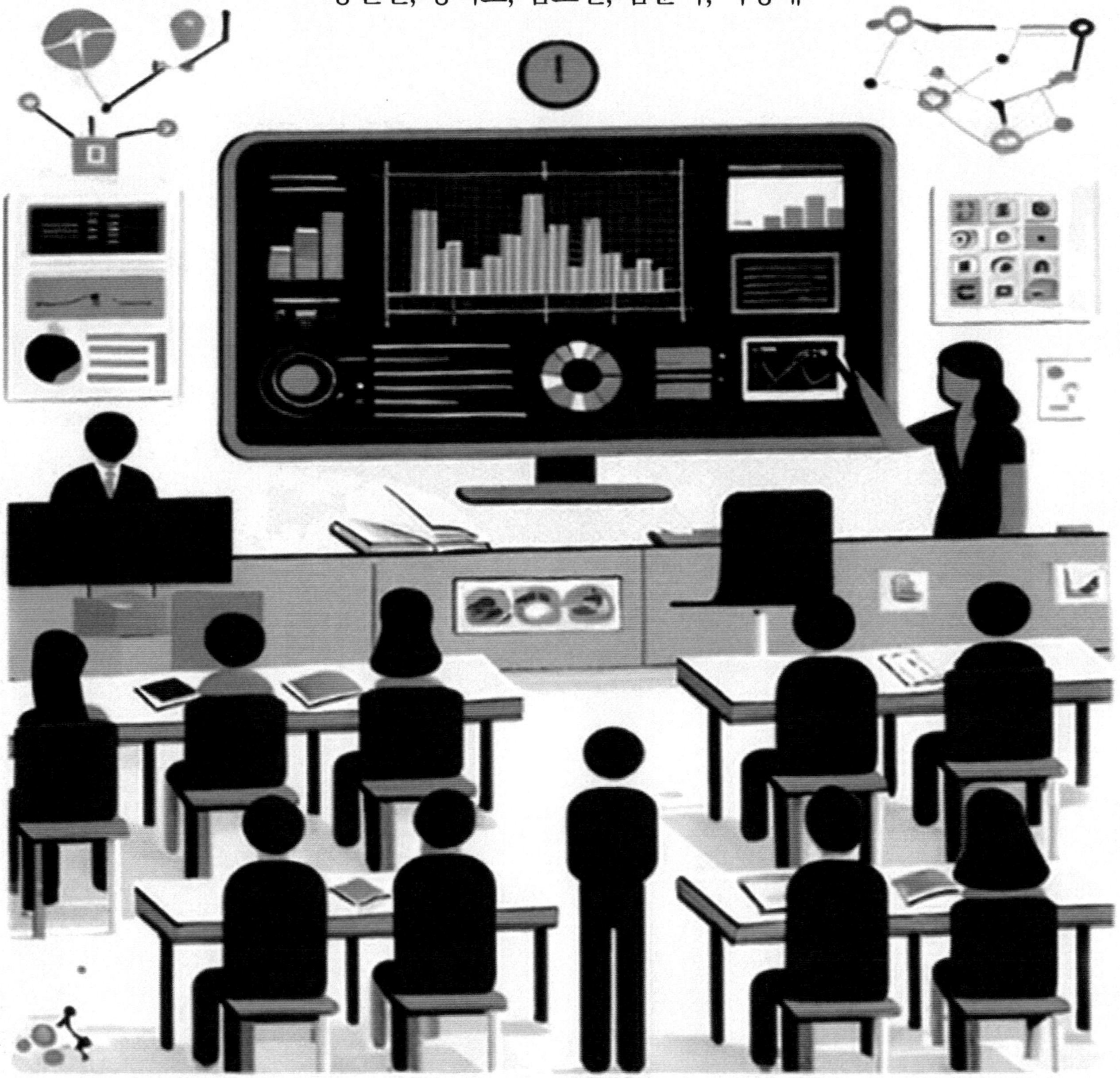

도서출판 BOSEONG 보성

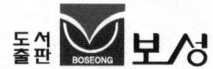

작가의 말

 본 서 '교사를 위한 데이터 과학'은 데이터 과학과 머신러닝에 입문하려는 독자들을 위해 설계되었다. Orange 3 툴을 중심으로 삼아 실전적인 데이터 분석과 머신러닝 프로젝트를 경험하면서 학습하는 것을 목표로 하고 있다. 본 서의 주요 특징은 다음과 같다.

- 시각적 프로그래밍의 강점: Orange 3의 시각적 프로그래밍 환경을 통해 복잡한 데이터 분석 및 머신러닝 작업을 진행하는 방법을 자세히 다룬다. 초보자들도 손쉽게 프로젝트를 구축하고 이해할 수 있도록 구성되었다.

 시각적 프로그래밍은 코드를 직접 작성하는 대신 그래픽 인터페이스를 통해 프로그램을 구축하는 방식을 말한다. 본 서에서 이를 강조하는 이유는 다음과 같다.

✓ 직관적인 시각화: Orange 3는 다양한 블록과 컴포넌트들을 시각적으로 연결하여 데이터 분석 및 머신러닝 프로세스를 구성할 수 있는 직관적이고 사용자 친화적인 인터페이스를 제공한다. 이를 통해 사용자는 복잡한 프로그래밍 코드 없이도 데이터의 흐름과 처리과정을 명확하게 이해할 수 있다.

✓ 빠른 프로토타이핑: 시각적 프로그래밍은 빠른 프로토타이핑을 가능케 한다. 사용자는 블록들을 시각적으로 배치하고 연결하여 아이디어를 빠르게 구현하고 실험할 수 있다. 이는 프로젝트를 빠르게 개발하고 수정하는 데 큰 도움이 된다.

✓ 비전문가에게 친숙함: 코드 작성에 대한 경험이 제한된 사용자나 비전

문가들도 시각적 프로그래밍을 통해 데이터 분석 및 머신러닝에 참여할 수 있다. Orange 3의 직관적인 사용자 인터페이스는 사용자가 쉽게 작업 환경에 적응할 수 있도록 도와준다.

✓ 시각적 디버깅 및 이해: 프로세스의 각 단계를 시각적으로 표현하면 오류를 찾고 수정하는 과정이 더욱 직관적으로 이루어진다. 또한, 데이터의 흐름을 시각적으로 확인함으로써 분석 및 모델링 과정을 더 잘 이해할 수 있다.

✓ 교육 및 학습 용이성: 초보자들이 머신러닝과 데이터 분석을 배울 때 코드 없이 시각적 도구를 사용하는 것이 학습 곡선을 완화시키고 이해를 높일 수 있다. 이는 학습자가 새로운 개념을 더 빠르게 이해하고 적용할 수 있게 한다.

종합하면, 본 서에서 강조하는 시각적 프로그래밍의 강점은 직관적인 시각화, 빠른 프로토타이핑, 비전문가에게 친숙함, 시각적 디버깅 및 이해, 그리고 교육 및 학습 용이성에 있다. 이를 통해 독자들은 데이터 과학과 머신러닝에 대한 역량을 쉽게 키울 수 있을 것이다.

- 실전 프로젝트: 각 장마다 실제 데이터를 사용하여 다양한 프로젝트를 진행하며, 독자들은 이를 통해 실전 경험을 쌓고 문제 해결 능력을 향상시킬 수 있다.

- 머신러닝 기초부터 응용까지: 기초적인 데이터 전처리부터 시작하여, Orange 3을 활용한 간단한 머신러닝 모델 생성, 최적화, 그리고 결과 해석까지 단계별로 안내한다.

- 실습 중심의 학습: 이론을 최소화하고 대부분의 시간을 실습과 프로젝트 진행에 할애하여, 독자들이 직접 경험을 통해 머신러닝과 데이터 과학에 대한 자신감을 키울 수 있도록 하였다.

이 책은 데이터 과학 및 머신러닝에 대한 선행 지식이 없는 독자들을 대상으로 하고 있다. 따라서, 다음과 같은 분들에게 특히 유용할 것이다.

- 데이터 과학 및 머신러닝에 입문하고자 하는 학생 및 교사들
- 기존에 프로그래밍 경험이 제한된 분들
- 실전 경험을 통해 머신러닝을 배우고자 하는 분들

이 책을 통해 Orange 3를 사용하여 데이터 과학 프로젝트를 구축하는 과정을 체계적으로 익힘으로써, 독자들은 실무에서 활용 가능한 기술과 지식을 습득할 수 있을 것이다.

'Quick, Draw!'는 구글에서 개발한 온라인 도구로, 사용자가 주어진 단어나 구문을 신속하게 그림으로 표현하는 게임 형식의 실험적인 프로젝트이다. 이 프로젝트는 기계 학습 및 인공지능 모델의 훈련을 목적으로 하며, 사용자들의 그림을 통해 컴퓨터가 일반적인 물체나 개념을 이해하는 데 활용된다.

주요 특징과 동작 방식:

- 데이터 수집 및 훈련: 'Quick, Draw!'는 사용자들이 빠르게 그림을 그리는 동안 발생한 데이터를 수집하여 큰 규모의 그림 데이터 세트를 만든다. 이 데이터는 다양한 물체 및 개념의 그림에 대한 정보를 담고 있다.

- 빠른 그림 인식: 사용자들이 게임에서 주어진 단어나 구문을 그림으로 표현하면, 이러한 그림 데이터는 구글의 인공지능 알고리즘을 통해 실시간으로 처리된다. 이를 통해 컴퓨터는 그림의 특징을 추출하고 해당하는 단어 또는 구문을 맞추려고 시도한다.

- 게임적 요소와 다양성: 'Quick, Draw!'는 사용자들이 높은 확률로 인식될 수 있는 그림을 빠르게 그리도록 유도하면서, 동시에 다양한 유형의 그림을 수집하여 모델이 다양성을 갖도록 한다.

- 개인 및 전체 데이터 기여: 사용자는 개인적으로 게임을 즐기면서 동시에 그린 그림 데이터가 모델 훈련에 기여되는 전체 데이터 세트의 일부로 활용된다.

- 훈련된 모델의 활용: 'Quick, Draw!'에서 수집된 데이터를 사용하여 훈련된 모델은 그림을 인식하고 분류하는 역할을 한다. 이러한 모델은 더 큰 맥락에서 기계 학습 알고리즘의 성능을 향상시키는 데 활용된다.

'Quick, Draw!'는 사용자들에게 놀이로운 경험을 제공하면서 동시에 대규모 데이터 수집 및 기계 학습에 활용되어, 인공지능의 인식 및 이해 능력을 향상시키는 실험적인 프로젝트로 평가된다.

아래는 인공지능 사고가 등장하는 구체적인 사례를 표로 나타낸 예시이다.

구분	사례	설명
자율주행 자동차	주행 중 실시간으로 환경을 분석하고 결정을 내리는 기능	카메라, 레이더, 리더 및 센서 데이터를 분석하여 운전 결정을 내림
음성인식 시스템	음성 명령을 이해하고 실행하는 기능	음성 데이터를 분석하여 텍스트로 변환하고 해당 명령을 실행
이미지 분류 모델	사진에서 물체 또는 특성을 식별하는 기능	학습된 모델을 사용하여 이미지 내의 물체를 자동으로 분류
언어 번역 서비스	다국어 간 텍스트를 번역하는 기능	텍스트 데이터를 자동으로 해석하여 다른 언어로 번역
헬스케어 진단 도우미	의료 데이터를 분석하여 질병을 진단하고 예측	환자의 의료 기록 및 검사 결과를 기반으로 진단 지원
금융 거래 감지	사기 거래나 이상 거래를 감지하는 기능	금융 거래 패턴을 모니터링하고 이상 행위를 자동으로 감지

이러한 예시들은 인공지능이 다양한 분야에서 사고 능력을 발휘하고 있음을 보여준다. 이러한 응용은 인공지능 기술이 현실 세계에서 어떻게 적용되고 있는지를 이해하는 데 도움이 된다.

인공지능은 다양한 활용분야를 가지고 있다.

- 자율주행 차량: 센서 및 카메라를 활용하여 주행 환경을 실시간으로 분석하고 결정을 내림.

- 의료 진단 및 예측: 의료 데이터를 기반으로 질병을 진단하고 환자의 건강 상태를 예측.

- 음성인식 기술: 음성 명령을 이해하고 실행하여 가전 제품이나 음성 비서와 상호작용.

- 이미지 분류 및 검출:이미지 데이터를 분석하여 물체를 분류하거나 특정 패턴을 검출.

- 언어 번역 서비스: 다국어 간 텍스트를 번역하여 언어 간 소통을 도와줌.

- 금융 사기 감지: 금융 거래 패턴을 분석하여 사기 거래나 이상 행위를 감지.

- 게임 개발: 캐릭터의 행동을 예측하고 게임 환경을 최적화하여 게임 플레이어에게 더욱 현실적인 경험 제공.

- 로봇공학: 로봇이 환경을 인식하고 움직임을 제어하여 다양한 작업 수행.

- 자연어 처리: 텍스트 데이터를 이해하고 분석하여 정보 검색, 요약, 감정 분석 등 다양한 언어 관련 작업 수행.

- 예술과 창작: 인공지능 알고리즘이 예술 작품을 생성하거나 창작 과정을 돕는 예술 창작 분야.

이렇게 다양한 분야에서 인공지능 기술은 혁신적이고 효과적인 솔루션을 제공하고 있다.

인공지능vs기계학습vs딥러닝

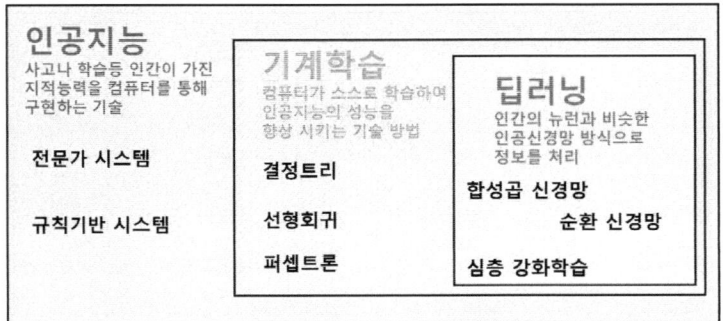

기계학습(machine Learning)의 종류

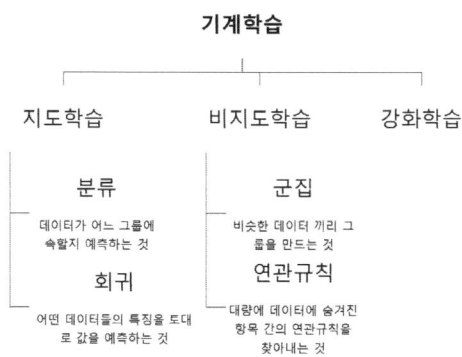

데이터 수집 방법

공공 데이터	민간 데이터
공공 데이터 포털 https://www.data.go.kr/	캐글 https://www.kaggle.com/
서울 열린데이터 광장 https://data.seoul.go.kr/	구글 트랜드 https://trends.google.co.kr/trends
데이터스토어 https://datastore.or.kr/	네이버 데이터랩 https://datalab.naver.com/

※ 본 서에서 설명하는 실습 자료의 경우, Git-Hub를 이용하여 예제 파일을 제공하고 있습니다.
https://github.com/KNUPhysicsEducation/oranege-in-science-education

목 차

Chapter 1. Orange 3 소개 및 설치가이드 ········· 13
1. Orange란? • 14
2. Orange 3 설치 방법 • 14
3. Add-ons 설치 방법 • 23

Chapter 2. 선형회귀: 데이터 이해의 첫걸음 ········· 27
1. 데이터 속 관계 찾기: 선형 회귀로 시작하기 • 28
2. 선형 회귀란? • 35
3. 간단하게 시작하기: Orange 3에서 데이터 로드하기 • 42
4. 실생활 데이터로 배우기: Orange 3를 이용한 주택 가격 예측 • 45

Chapter 3. 텍스트 데이터 분석 ········· 49
1. 텍스트 전처리와 워드 클라우드 • 50
2. 온라인 위젯으로 자료 로드하기 • 53
3. 실생활 데이터로 배우기: Orange 3를 이용한 교육과정, 수능 문제 분석 • 56
4. 텍스트 분석 응용하기: 텍스트 군집화 • 60
5. 텍스트 분석 응용하기: 텍스트 분류 • 62

Chapter 4. 의사결정 트리: 직관적인 분류와 예측 ········· 63
1. Tree_Tree Viewer • 64
2. 'Tree'를 활용한 생물분류 • 66
3. 혈액형 예측 • 70

Chapter 5. 군집화(Clustering): 데이터 내 숨겨진 패턴 발견하기 ········ 77
1. k-means 군집화 • 78
2. K-means 군집화(clustering)란? • 83
3. Data Sampler • 89

Chapter 6. 이미지 분석 ··· 91

    1. 이미지 분석을 통한 동식물 분류 • 91
    2. Image 분류하기 : 꽃으로 살펴보기 • 99
    3. Hierarchical Clustering(계층적 군집화) • 102
    4. 화가의 작품 분류해보기 • 106
    5. 데이터로 꽃을 분류해보기 • 110

Chapter 7. 학교에서 활용해보기 ·· 117

    1. 전처리 후 데이터 변화량 분석 • 118
    2. 역학적 에너지 보존 법칙을 보기 위한 수식 전개 • 123
    3. 온실가스와 평균기온의 상관관계 분석 • 130
    4. 국내 기상 변수에 따른 태양광 발전 • 139

부록: 분류모델 평가 ·· 149

    1. Confusion Matrix • 149
    2. ROC Curve + AUC • 153

Chapter 01. Orange 3 소개 및 설치가이드

데이터 과학과 머신러닝 분야에 처음 접근하는 것은 많은 초보자들에게 어려움을 줄 수 있다. 다양한 도구와 기술, 복잡한 수학적 개념들이 초기 학습자들에게 도전적인 장벽으로 작용하기도 한다. 그러나 Orange 3와 같은 사용자 친화적인 도구는 이러한 장벽을 낮추어, 누구나 데이터 과학의 기본을 이해하고 실습할 수 있게 해준다. 이 챕터에서는 Orange 3의 핵심 개념을 소개하고, 이 강력한 도구를 설치하는 방법을 단계별로 안내한다.

Orange 3는 데이터 분석과 머신러닝을 위한 오픈 소스 도구로, 시각적 프로그래밍 인터페이스를 제공한다. 사용자는 복잡한 코드를 작성할 필요 없이, 데이터 분석 워크플로우를 시각적으로 구성할 수 있다. 이는 프로그래밍 경험이 적거나 없는 사람들에게 데이터 과학의 문을 열어주며, 더 많은 학생과 교육자가 데이터 주도적 사고방식을 개발할 수 있게 한다.

Orange 3의 설치 과정은 간단하고 직관적이다. 본 챕터에서는 다양한 운영 체제에서 Orange 3를 설치하는 방법을 상세히 설명한다. 공식 웹사이트에서 제공하는 설치 파일을 다운로드하여 몇 단계만 거치면, 누구나 쉽게 Orange 3를 자신의 컴퓨터에 설치할 수 있다. 설치 과정에서 발생할 수 있는 일반적인 문제와 그 해결책도 함께 다룬다.

또한, 이 챕터는 Orange 3의 주요 기능과 구성 요소를 소개하여, 사용자가 이 도구를 최대한 활용할 수 있도록 한다. 데이터 로딩, 전처리, 시각화, 모델링 등 데이터 분석의 주요 단계를 효과적으로 수행할 수 있는 기능들을 탐색한다.

Orange 3를 통해, 학생들과 교육자들은 데이터 과학의 기본 개념을 실제 데이터에 적용해보며 학습할 수 있다. 이러한 실습 경험은 이론적 지식을 실제 문제 해결에 적용하는 능력을 키우는 데 중요하다. 본 챕터를 통해 독자들은 Orange 3의 설치와 기본 사용법을 익혀, 데이터 과학 교육의 첫걸음을 단단히 내딛을 수 있을 것이다.

1. Orange란?

오렌지3는 코딩과 수학적 계산 없이 데이터과학, 통계분석, 기계 학습 등을 다루어 데이터를 분석하는 프로그램이다. 주로 비전문가들이 데이터 분석 및 기계 학습 작업을 수행하고 시각적으로 이해하기 쉽게 결과를 표현하기 위한 도구로 사용된다.

이 프로그램의 특징은 블록코딩처럼 드래그 앤 드롭 방식을 통해 데이터를 분석하는 방법을 시각적으로 연결해서 보여준다. 또한 다양한 도구를 활용할 수 있으며, 머신러닝과 데이터 전처리 등을 손쉽게 해낼 수 있다는 장점이 있다.

2. Orange 3 설치 방법

그렇다면 이제 오렌지3 프로그램을 설치하는 방법을 알아보겠다. 먼저 오렌지 프로그램의 홈페이지에 접속한 다음, 최신 버전의 파일을 다운로드 받은 다음 Orange-3 Setup 파일을 관리자의 권한으로 실행한다.
링크: https://orangedatamining.com/download

이제 본격적인 오렌지3 설치를 시작하겠다. Welcome 화면이 뜬다면 Next를 누른다.

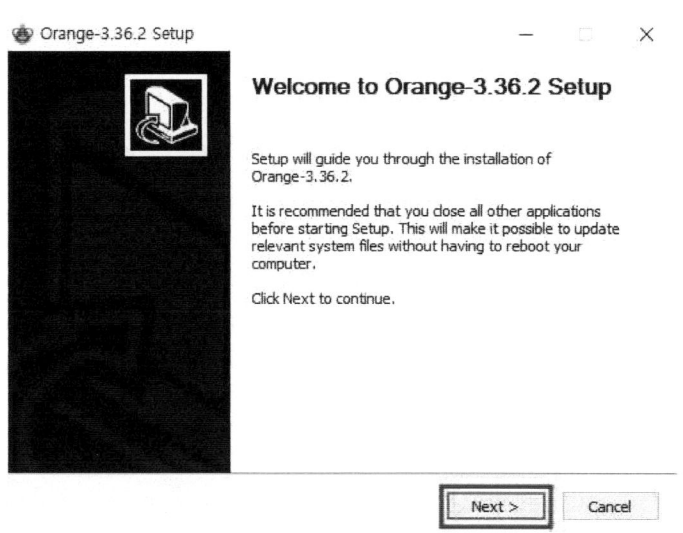

아래는 오렌지3 프로그램 사용에 관한 약관 소개다. I Agree를 눌러 다음 단계로 넘어간다.

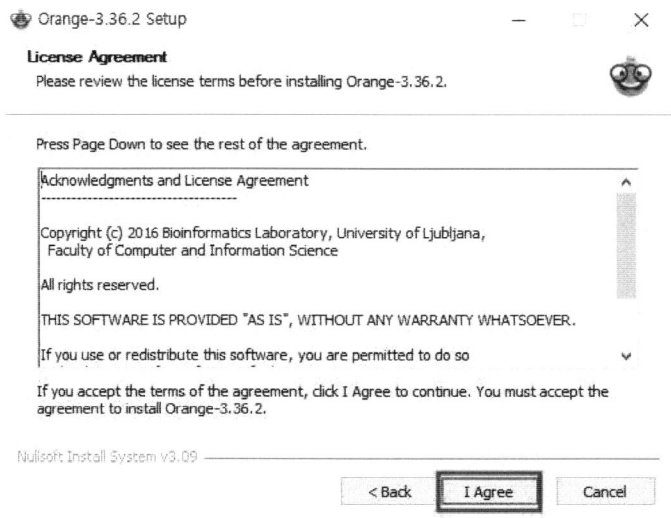

다음은 사용자를 선택하는 단계이다. 'Install for anyone using this computer'는 모든 사람이 사용할 수 있도록 권한을 풀어주는 것이고, 'Install just for me'는 프로그램을 설치하는 본인만이 쓸 수 있도록 하는 것이다. 우리는 Install for anyone using this computer를 선택하겠다. Next를 눌러 다음 단계로 넘어간다.

다음은 설치할 구성요소를 선택하는 단계이다. 모든 구성요소를 선택한 다음 Next를 눌러 다음 단계로 넘어간다.

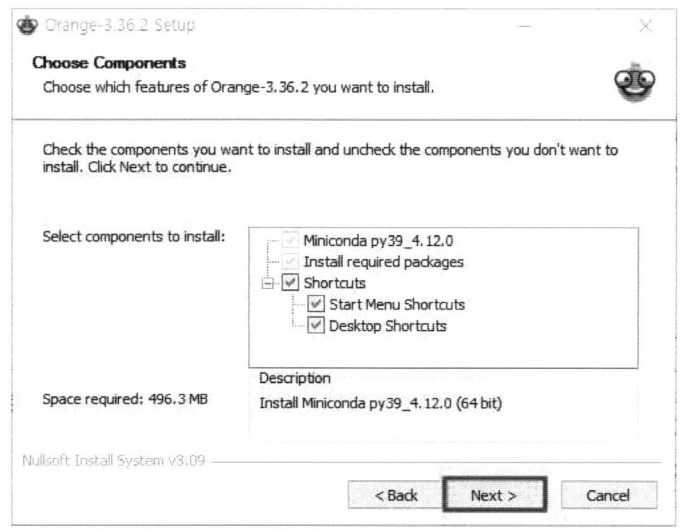

다음은 프로그램을 설치할 위치를 선택하는 단계이다. 설치 위치를 선택한 다음 Next를 눌러 다음 단계로 넘어간다.

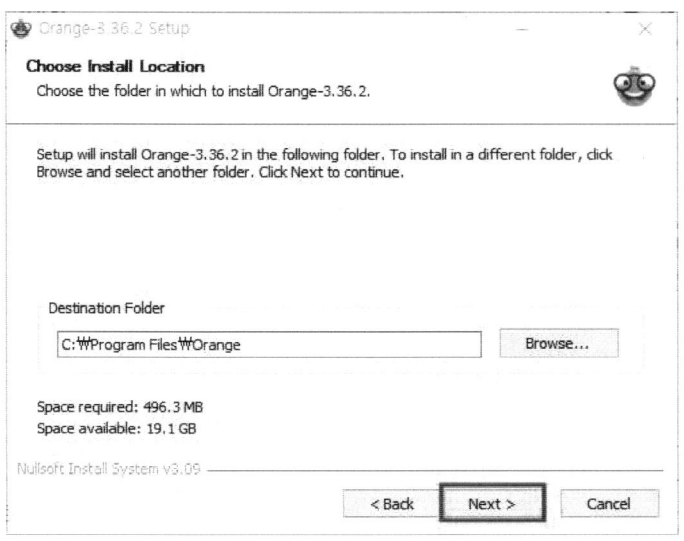

다음은 시작 메뉴 폴더를 선택하는 단계이다. 기본적으로 Orange로 설정되어있고, 다른 폴더에 넣고 싶다면, 다른 폴더를 선택하면 된다. 시작 메뉴 폴더를 선택했다면 Install을 눌러 설치를 시작한다.

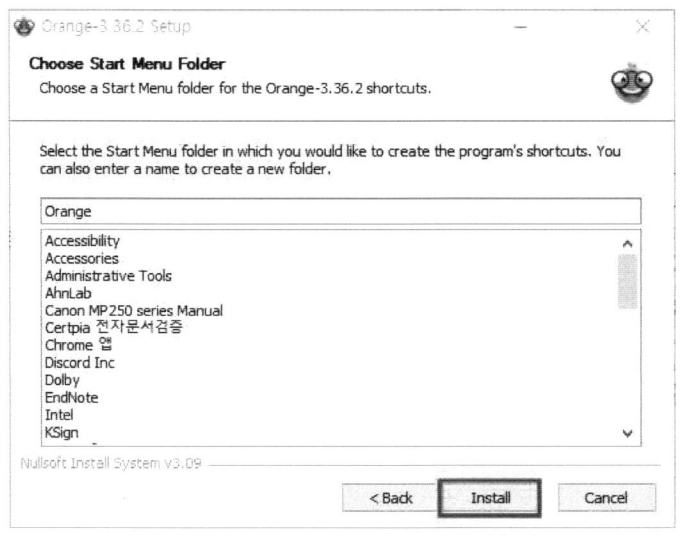

오렌지3 프로그램 설치를 시작한다면 미니콘다 프로그램이 설치되는 장면으로 넘어가게 된다. 미니콘다는 파이썬 코딩을 해석해 다양한 데이터 분석 라이브러리 등 모듈을 묶어 패키지로 제공하는 아나콘다 프로그램의 미니 버전이다. 아나콘다가 데이터 분석을 하는 모든 기능을 가지고 있다면, 미니콘다는 데이터 분석을 하는데 필요한 최소한의 패키지로 구성되어있다고 보시면 된다.

아래처럼 설치 중 안내창이 뜨면 확인을 눌러 미니콘다 설치 창이 나오고, Welcome 화면에서 Next를 누른다.

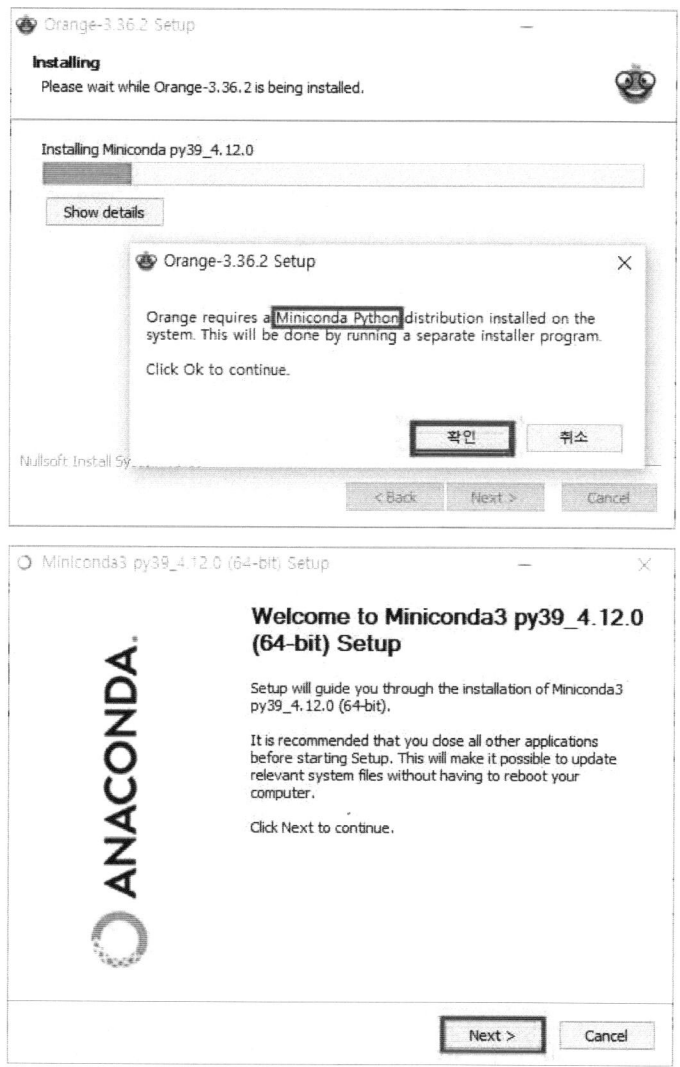

미니콘다 프로그램 사용에 관한 약관 소개이다. I Agree를 눌러 다음 단계로 넘어간다.

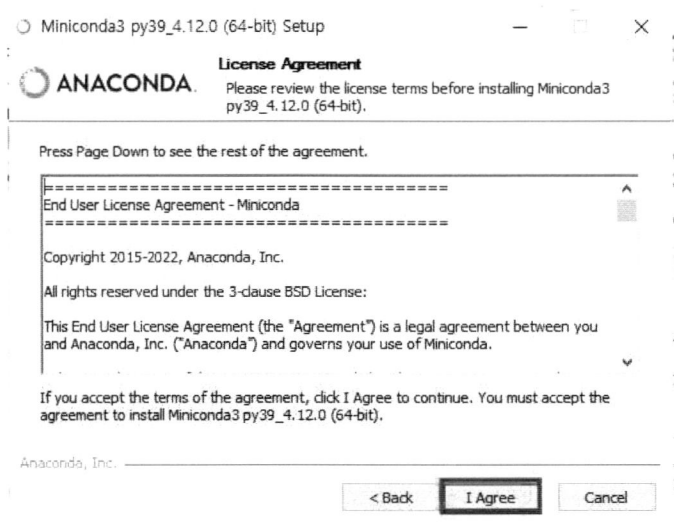

다음은 사용자를 선택하는 단계이다. All Users를 선택하고 Next를 눌러 다음 단계로 간다.

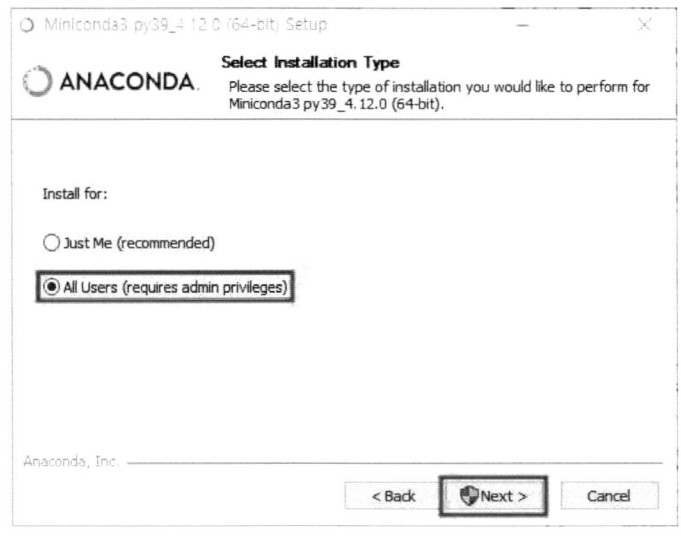

다음은 프로그램을 설치할 위치를 선택하는 단계이다. 미니콘다의 설치 위치를 선택할 때 설치 경로는 반드시 영어여야 한다. 설치 경로 에 영어가 아닌 다른 언어가 있는 경우 프로그램이 제대로 실행되지 않는다. 이를 주의하며 설치 경로를 선택한 다음 Next를 누른다.

다음은 추가옵션 선택 단계이다. 아래 옵션은 자동으로 파이썬 코드를 추적해 오렌지3의 기능들이 원활하게 작동하게 해주는 옵션이므로 반드시 선택한다. Install을 눌러 미니콘다 설치를 시작한다.

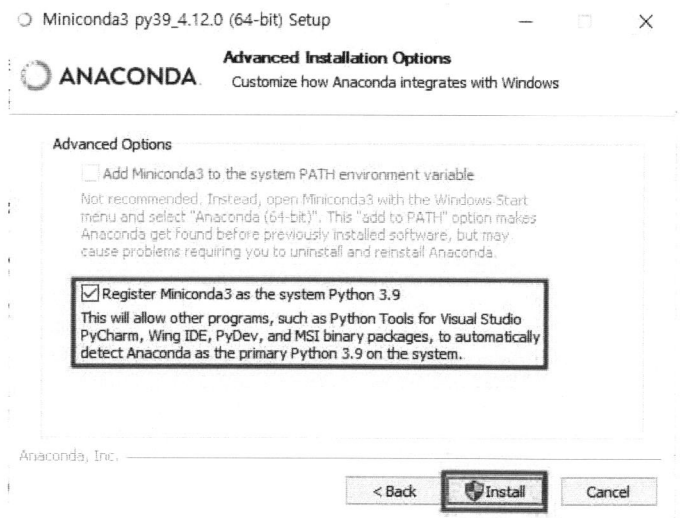

설치가 완료되었다면, 종료한 다음 오렌지3를 마저 설치하고 마무리한다.

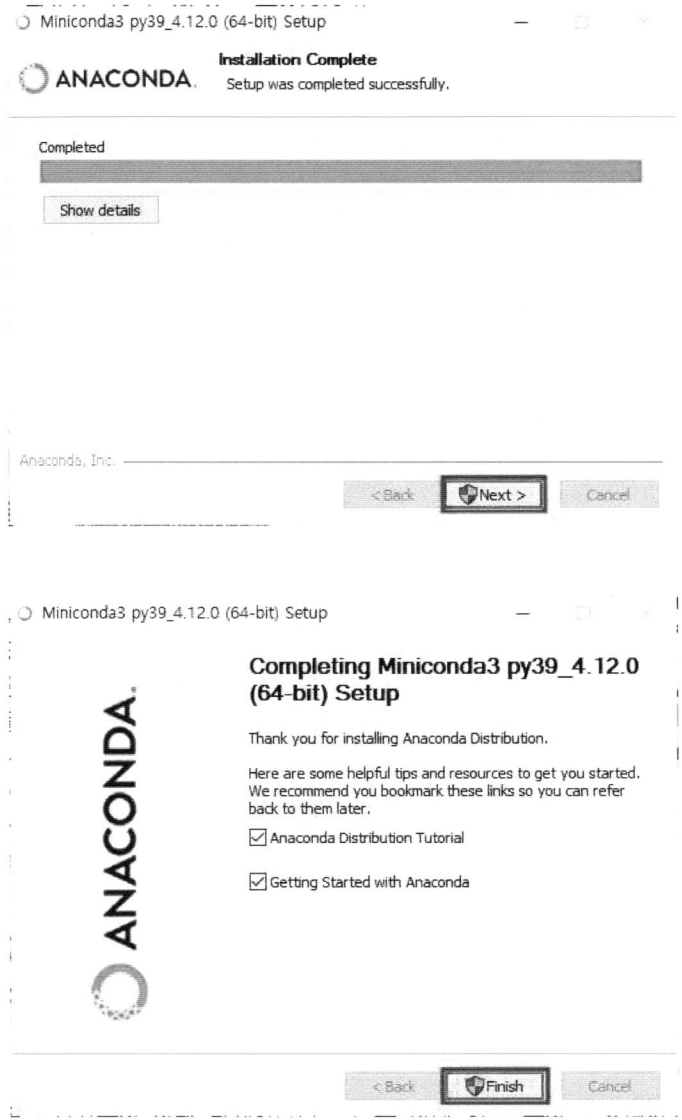

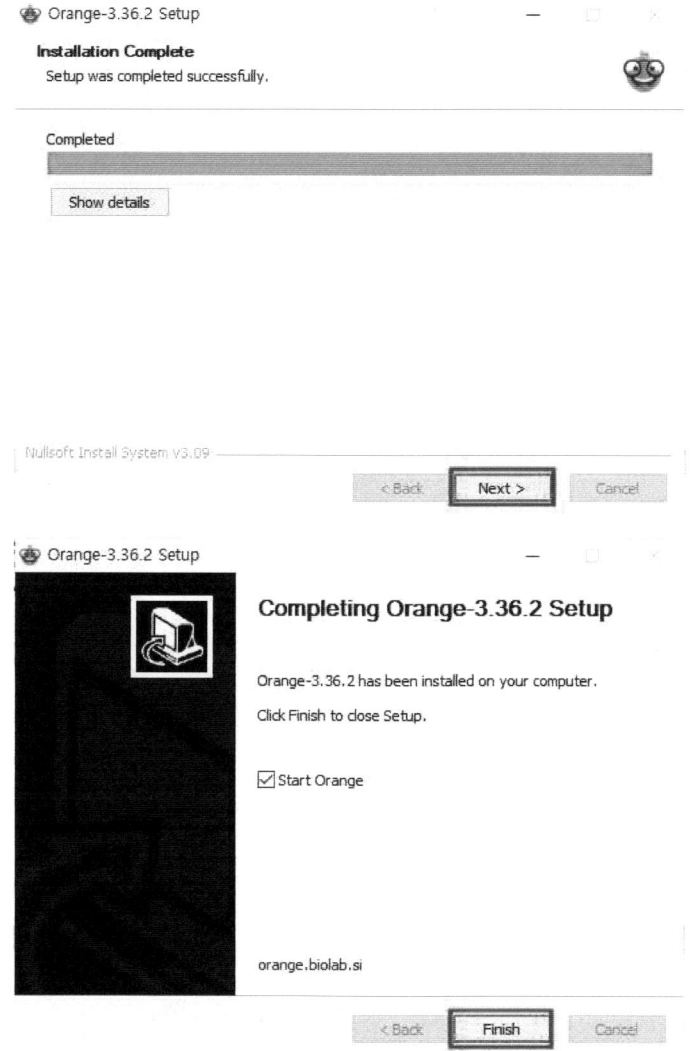

3. Add-ons 설치 방법

설치를 완료하게 되면 오렌지3 프로그램을 다룰 수 있게 된다. 그러나 처음에는 오렌지3에서 다룰 수 있는 기능이 조금밖에 없다. 앞으로 배우게 될 내용을 학습하려면 추가적인 기능을 설치해야 한다. 이를 위해 오렌지3를 관리자 권한으로 실행한 다음, 상단 바에 Options을 누른 다음 Add-ons를 클릭한다.

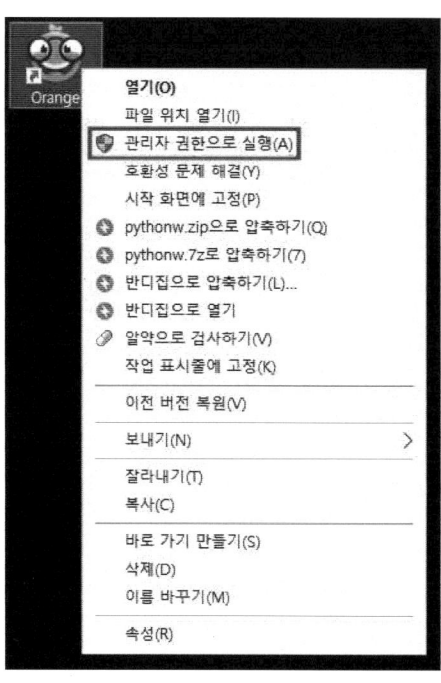

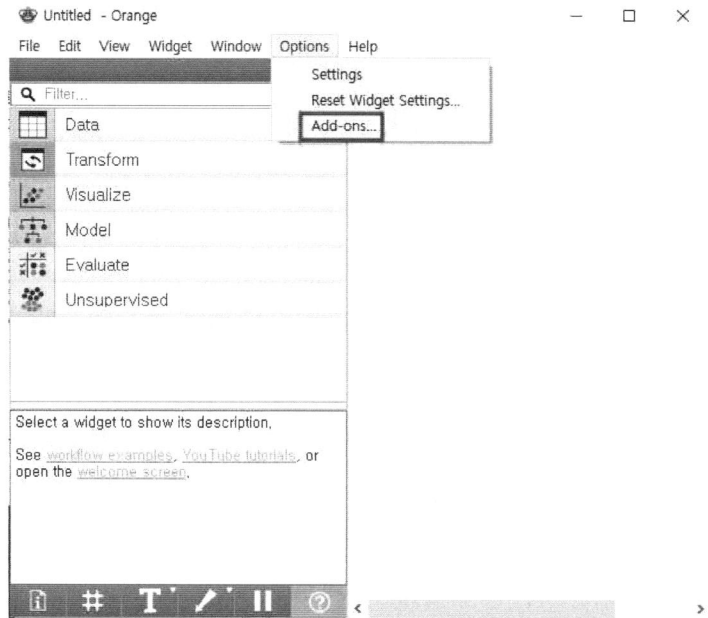

 Add-ons를 누르면 아래와 같은 Installer 창이 뜬다. 여기에서는 오렌지 3 프로그램을 최신버전으로 업데이트할 수 있고, 추가 기능을 다운로드할

수 있다. 모든 선택지를 클릭한 다음, OK를 눌러 업데이트를 시작한다.

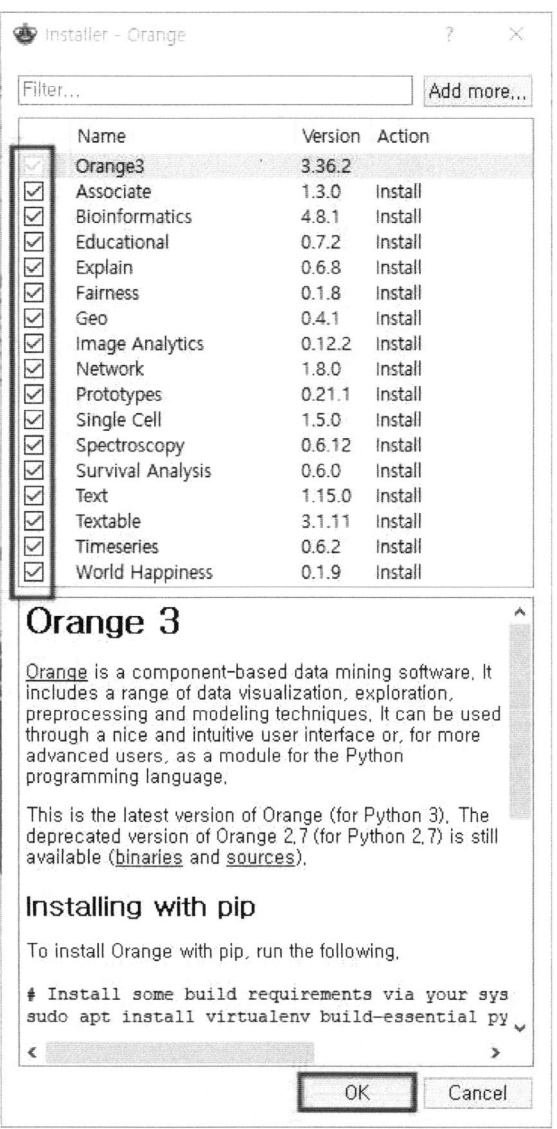

업데이트가 완료되면 OK를 눌러 프로그램을 재시작하면 아래와 같이 추가 기능 다운로드가 완료된다. 이제 본격적으로 오렌지3 프로그램으로 어떻게 과학적으로 분석할지 배우도록 하겠다.

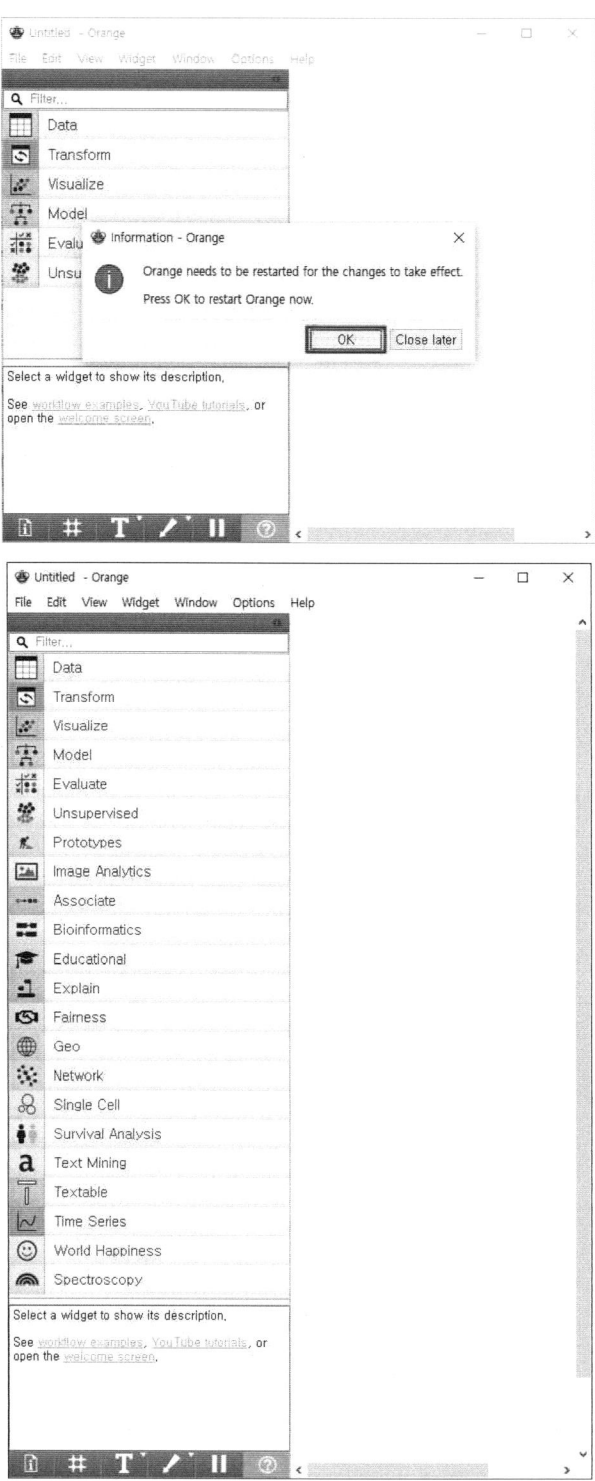

Chapter 02 선형회귀: 데이터 이해의 첫걸음

　데이터 과학과 인공지능이 우리 생활의 많은 영역에 깊숙이 자리 잡으면서, 교육 현장에서 이 분야들을 가르치는 것은 더 이상 선택이 아닌 필수가 되었다. 고등학교 학생들에게 데이터 과학의 기초 개념을 소개하고 실생활 문제를 해결하는 데 필요한 도구를 제공하는 것은 그들이 미래 사회의 요구에 부응할 수 있도록 준비시키는 중요한 단계이다. 이러한 맥락에서 선형회귀는 데이터 과학 교육에서 가장 기본적이면서도 필수적인 주제 중 하나이다.

　선형회귀는 통계학에서 가장 잘 알려진 분석 방법 중 하나로, 두 변수 간의 관계를 모델링하고 예측하는 데 사용된다. 이는 간단한 개념에서부터 복잡한 데이터 분석 기법까지, 데이터 과학의 여정을 시작하는 데 있어 훌륭한 출발점을 제공한다. 학생들이 선형회귀를 통해 데이터 분석의 기본 원리를 이해함으로써, 그들은 보다 복잡한 알고리즘과 기법으로 나아갈 수 있는 탄탄한 기초를 마련할 수 있다.

　이 챕터에서는 교육 현장에서 Orange 3를 활용하여 선형회귀를 가르치는 방법에 초점을 맞춘다. Orange 3는 시각적 프로그래밍을 통해 데이터 분석과 머신러닝을 쉽게 접근할 수 있게 해주는 오픈 소스 데이터 시각화 및 분석 도구이다. 그래픽 사용자 인터페이스(GUI)를 통해 복잡한 코드 없이도 데이터 분석 파이프라인을 구축할 수 있어, 프로그래밍 경험이 적은 학생들도 데이터 과학의 세계에 쉽게 입문할 수 있다.

　본 챕터에서는 학생들이 Orange 3 환경에서 선형회귀 모델을 구축하고 해석하는 과정을 단계별로 안내한다. 데이터 세트를 불러오고 정제하는 것부터, 변수 간의 관계를 시각화하고, 선형회귀 모델을 구축 및 평가하는 것까지, 이 과정은 학생들에게 데이터 과학 프로젝트를 수행하는 데 필요한 실질적인 기술과 지식을 제공한다. 또한, 이 챕터는 교사들이 데이터 과학 교육에 Orange 3를 효과적으로 통합하는 데 도움이 되는 실용적인 팁과 전략을 공유한다.

선형회귀를 통해, 우리는 학생들에게 데이터 속 패턴을 발견하고, 예측을 만들며, 실제 세계의 문제를 해결하는 방법을 가르친다. Orange 3와 함께라면, 이러한 학습 과정은 더욱 흥미롭고 접근하기 쉬워진다. 데이터 과학 교육의 여정을 시작하는 데 있어 이보다 더 좋은 출발점은 없을 것이다.

1. 데이터 속 관계 찾기: 선형 회귀로 시작하기

지금부터 점수를 예측하는 프로그램을 만들어 기본 사용법을 익혀보자.

	A	B
1	a	b
2	1	10
3	2	20
4	3	30
5	4	40
6	5	50

테스트 파일

	A	B
1	a	b
2	4	
3	5	
4	6	
5	7	
6	8	

예측파일

Excel을 이용하여 위 그림과 같이 데이터를 입력하여 테스트 파일과 예측 파일을 만들도록 하자. 파란 네모의 빈칸은 인공지능을 이용하여 예측할 부분이다.

위 그림처럼 Orange를 실행하고 [Data]-[File]을 클릭하거나 빈 바탕에 서 마우스 우클릭을 통해 File을 검색해 을 생성한다. 은 데이터를 가져오는 위젯이다.

File을 클릭하면 아래와 같은 창이 열리게 된다. 아까 Excel로 저장해 두었던 테스트 파일을 불러오면, 빨간 네모칸과 같이 변수(Variable)가 표시된다. Name은 변수의 이름, Type은 변수의 유형, Role은 변수의 역할, Values은 변수의 값을 의미한다.

변수의 유형(Type)
- Numeric(연속형 변수): 나이나 길이처럼 쭉 이어지는 숫자들
- Categorical(범주형 변수): 몇가지 보기로 나눠지는 것들
  * Type이 잘못 설정되어 있다면 Numeric 혹은 Categorical 부분을 클릭하여 변경이 가능하다.

변수의 역할(Role)
- Feature: 데이터 분석에서 문제/재료/원인의 역할을 하는 변수
- Target: 답/목적/결과의 역할을 하는 변수

- Meta: 실제 분석작업에 사용되지 않지만 정보로 표시되는 변수
- Skip: 해당 데이터를 무시

이제부터 File을 통해 불러온 데이터를 표로 확인해보도록 하자.
[Data]-[Date Table]을 클릭하여 위젯을 생성하거나 빈 바탕에서 Data Table을 검색하여 불러와도 좋다.

을 불러왔다면 아래 그림처럼 File 연결시키고 열어보자.

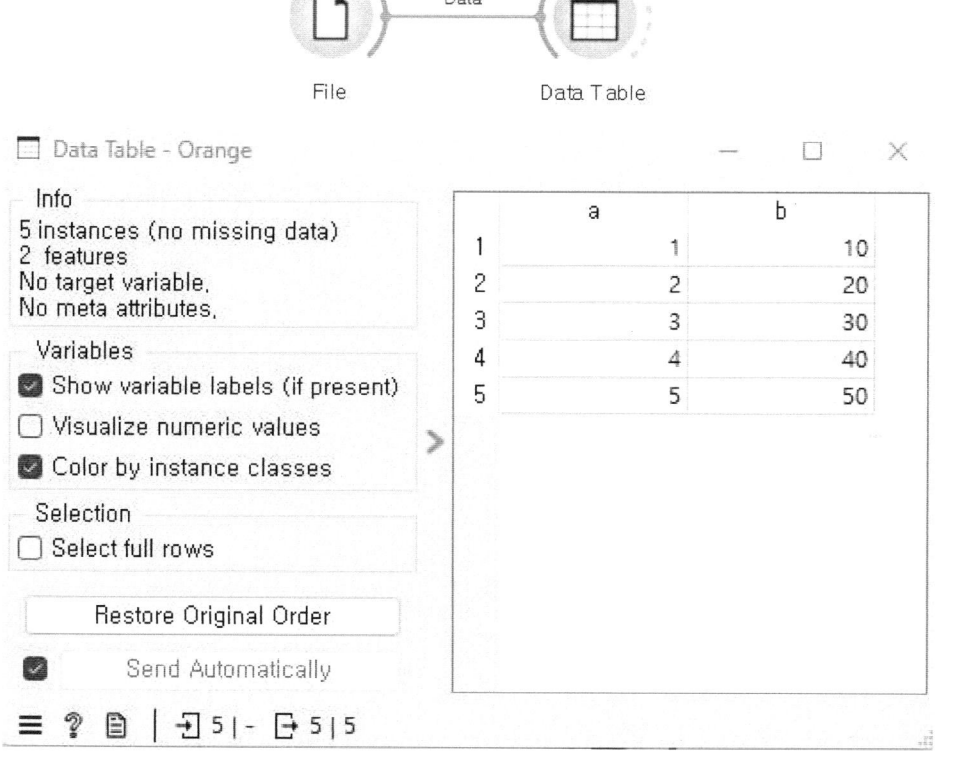

이처럼 Date Table을 사용하면, Orange3내에서 데이터를 표로 확인할 수 있다. 데이터를 좌표로 확인하고 싶은가?

Date Table을 불러온 방식과 동일하게 Scatter Plot 위젯을 불러오도록 하자.

그리고 아래 그림과 같이 연결시킨 뒤 Scatter Plot을 클릭해 열면, 데이터를 시각적으로 확인가능하다.

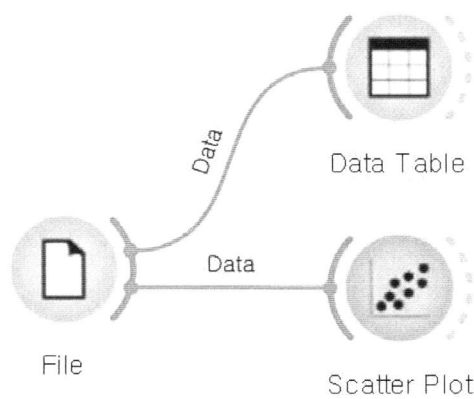

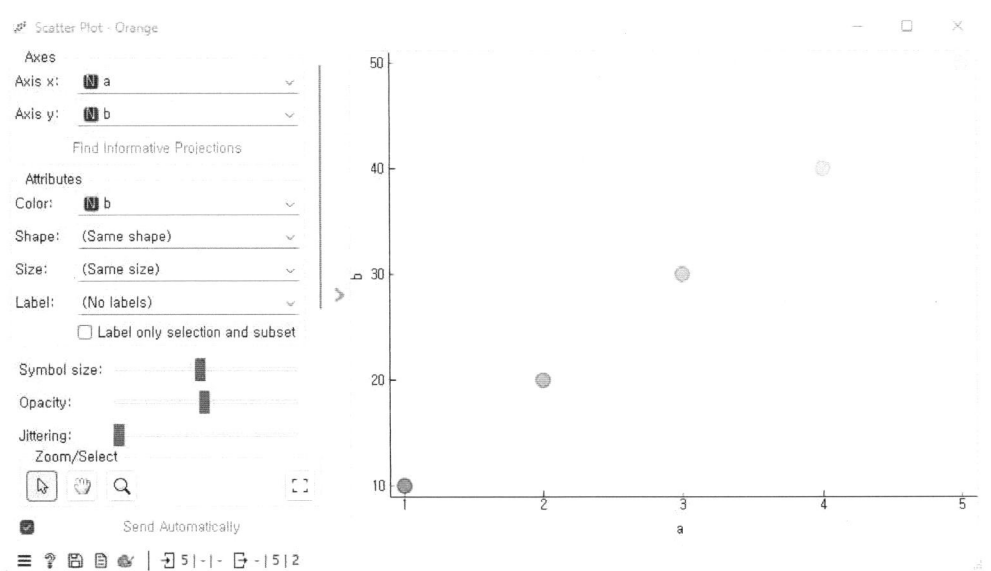

이제 본격적으로 모델을 사용하여 데이터 학습을 시작해보자.

Linear Regression(회귀)를 이용하여 데이터를 학습시켜 예측을 해볼 것이다.

Linear Regression(회귀) 위젯을 불러와 아래와 같이 위젯들을 연결시켜주도록 하자.

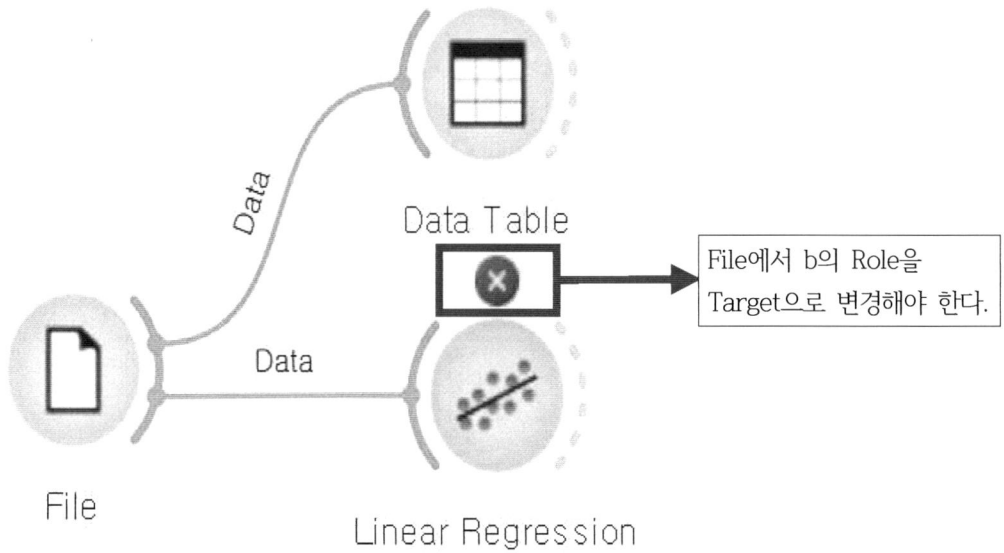

Linear Regression(회귀)는 주어진 데이터로부터 y와 x의 관계를 나타내는 직선을 그리는 기법이다.

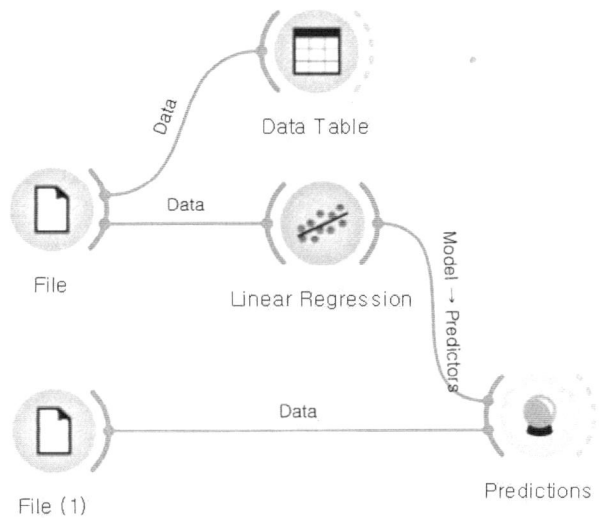

위 그림과 같이 학습한 인공지능에게 데이터를 적용하기 위해 Predictions을 추가하여 학습시킨 모델과 예측할 파일을 연결시킨다.

예측할 파일에서도 Target을 지정해야 한다. 아래 그림처럼 File(1)를 클릭하여 변수 b의 Role을 target으로 변경하자.

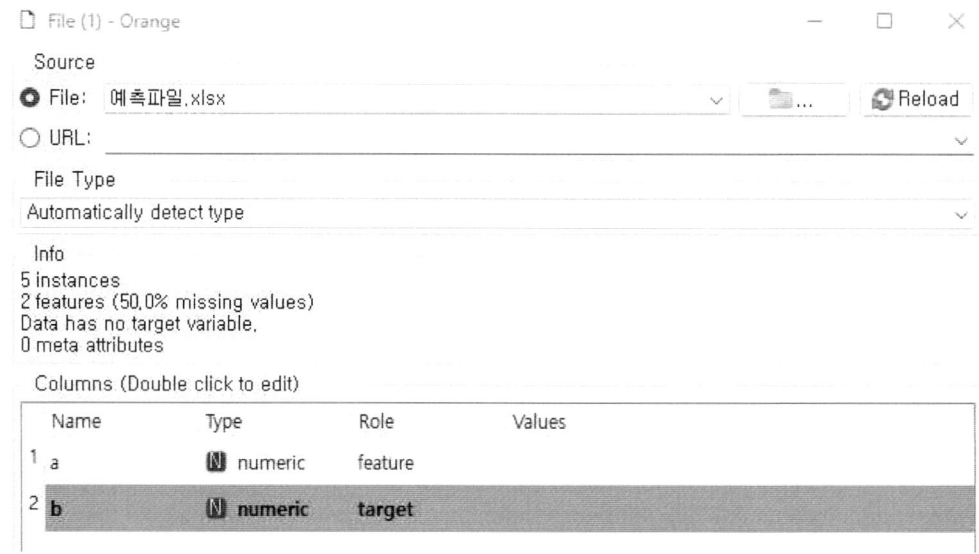

그 다음 Predictions을 클릭하여 Linear Regression(회귀)를 이용해 예측한 값을 아래 그림과 같이 확인한다.

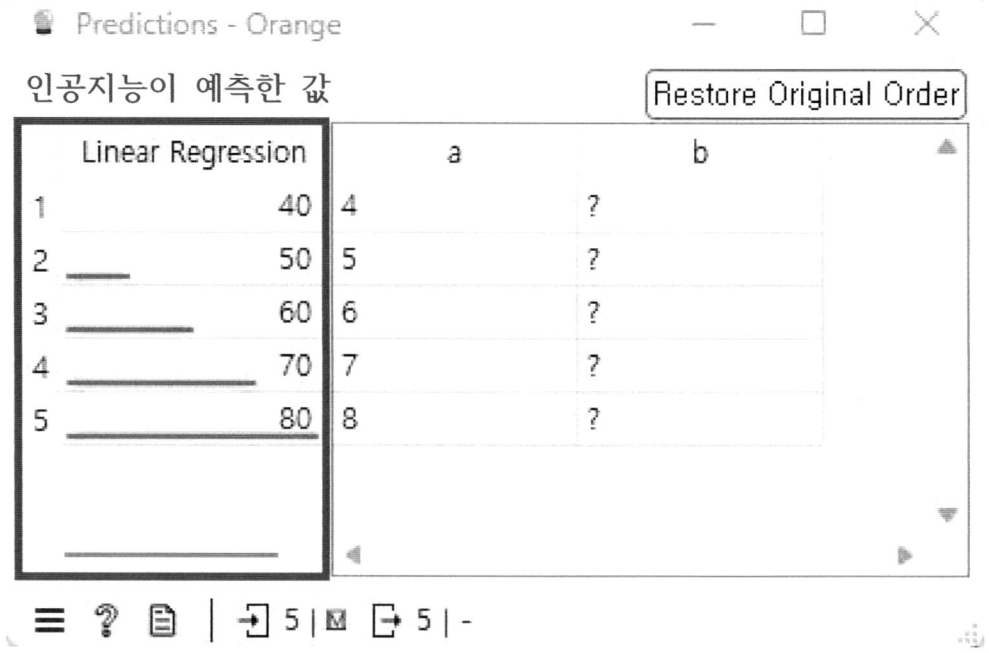

위처럼 b변수에 ?로 표기되어있는 부분을 Linear Regression이 학습한 모델을 통해 예측한 결과를 확인할 수 있다.

2. 선형 회귀란?

선형회귀란, 종속변수 y와 한 개 이상의 독립변수(또는 설명변수) X와의 선형 상관관계를 모델링하는 회귀분석 기법을 말하는 것이다. 한 개의 설명 변수에 기반한 경우에는 단순 선형회귀, 둘 이상의 설명변수에 기반한 경우에는 다중 선형회귀라고 한다.

선형회귀는 선형 예측 함수를 사용해 회귀식을 모델링하며, 알려지지 않은 파라미터는 데이터로부터 추정한다. 이렇게 만들어진 회귀식을 선형모델이라고 한다.

선형회귀는 깊이 있게 연구되고 널리 사용된 첫 번째 회귀분석 기법이다. 이는 알려지지 않은 파라미터에 대해 선형 관계를 갖는 모델을 세우는 것이, 비선형 관계를 갖는 모델을 세우는 것보다 용이하기 때문이다. 그러면 Orange를 이용한 선형회귀분석을 알아보자. 우선 엑셀에서 다음과 같이 입력하고, csv 형식으로 저장한다.

(파일명: 선형회귀.csv)

(파일명: 선형회귀실습.csv)

Orange3를 실행시키면 다음 그림의 왼쪽에 여러 가지 위젯들이 보일 것이다. Data 위젯은 '데이터 파일 열기', '테이블 형태로 데이터 보기',

'테이블 연산' 등을 제공한다. Visualize 위젯은 '데이터를 시각화해서 보기'를 제공한다. Model 위젯은 '머신러닝 모델 적용하기'를 제공한다. Evaluation 위젯은 '평가', '예측하기'를 제공한다.

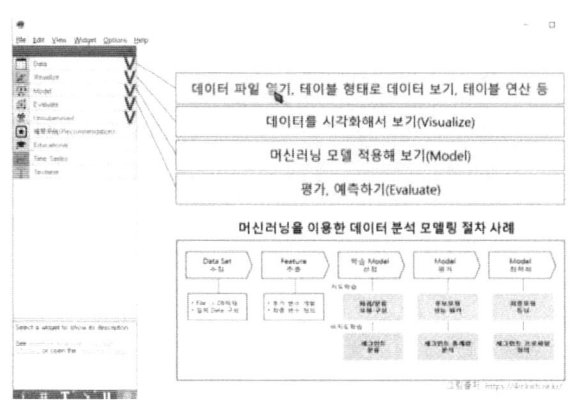

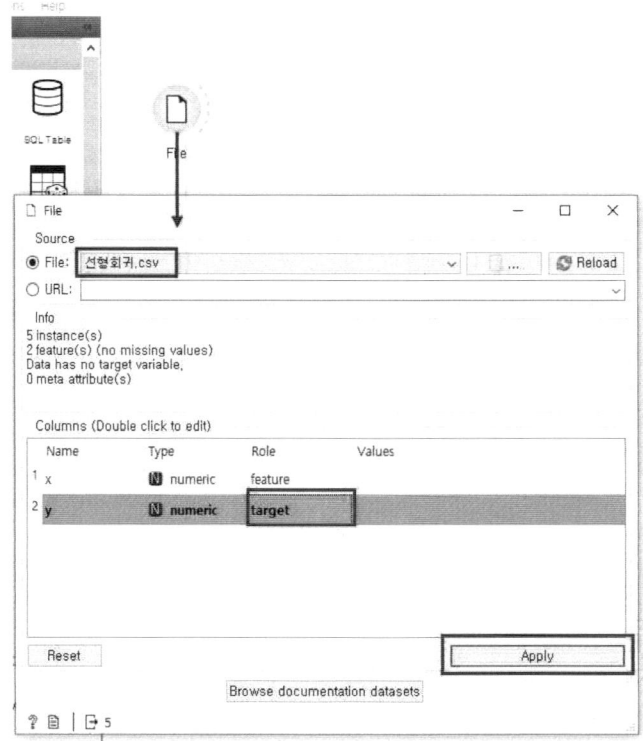

먼저 데이터를 불러오기 위해, 위의 그림처럼 Data 위젯을 클릭하여 오른쪽 화면으로 드래그한 다음 더블클릭한다. 아래 그림과 같이 데이터

가 저장된 폴더를 열어 '선형회귀.csv' 파일을 선택하면 그림과 같이 데이터 정보가 나타난다. 여기서 x값은 'feature'로, y값은 'target'으로 설정하고 아래쪽에 있는 'Apply' 버튼을 클릭한다.

다음은 불러온 데이터가 어떻게 구성되었는지 살펴보는 방법과 가시화하는 방법에 대해 알아보자. 먼저 데이터 구성을 알아보기 위해 아래 그림과 같이 왼쪽 메뉴에서 Data 위젯을 선택한 다음, Data Table 위젯을 더블클릭 또는 드래그하자. File 위젯과 Data 위젯을 그림과 같이 마우스로 선을 긋듯이 연결하자. Visualize 위젯을 선택한 다음, Scatter Plot 위젯을 드래그하고 File 위젯과 연결한다.

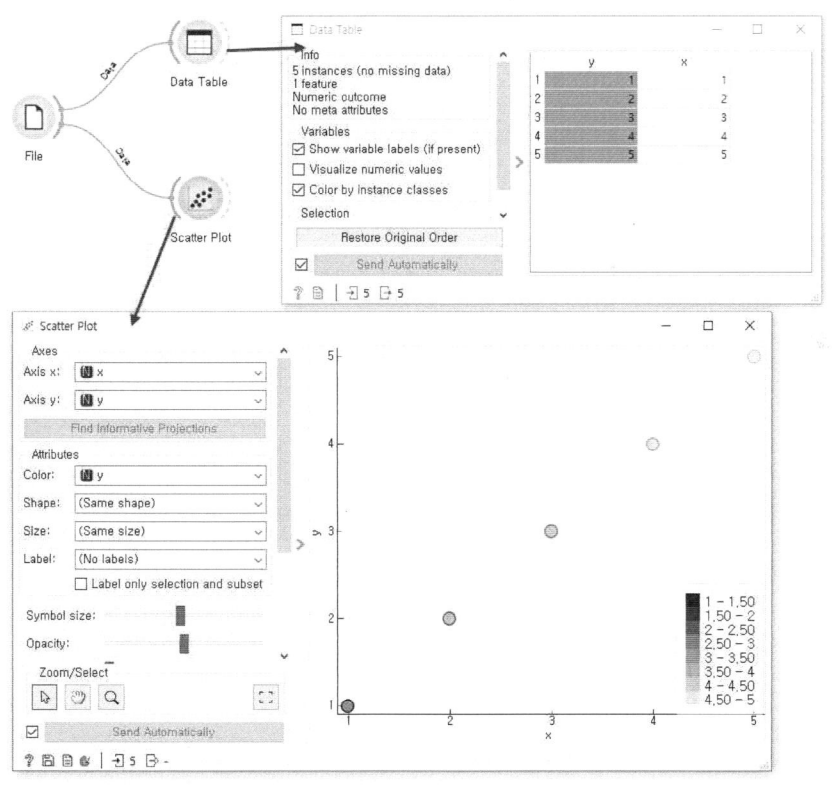

실제로 어떻게 구현되는지 확인하려면 각각의 위젯을 더블클릭하면 된다.

Chapter 2. 선형회귀: 데이터 이해의 첫걸음

선형회귀모델을 만들기 위해서 다음과 같이 Model 위젯에서 Linear Regression 위젯을 드래그한 다음, File 위젯을 연결한다. 이렇게 함으로써 입력된 데이터의 선형회귀모델이 만들어진다.

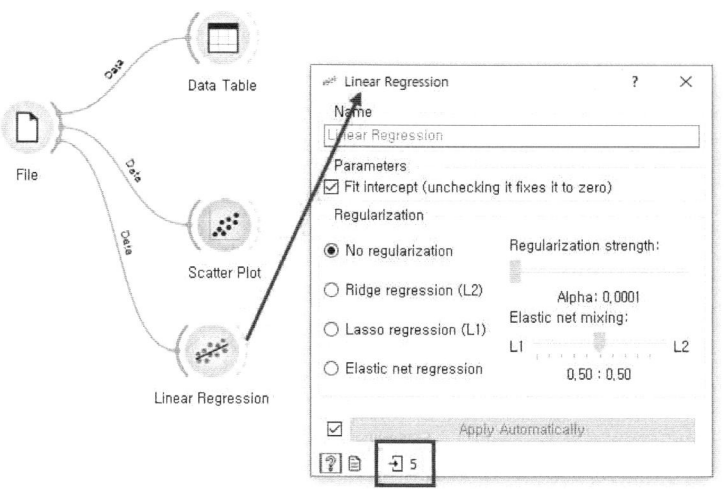

이렇게 만들어진 모델이 얼마나 잘 예측하는지 확인하기 위해 실습용 데이터를 통해 알아보자.

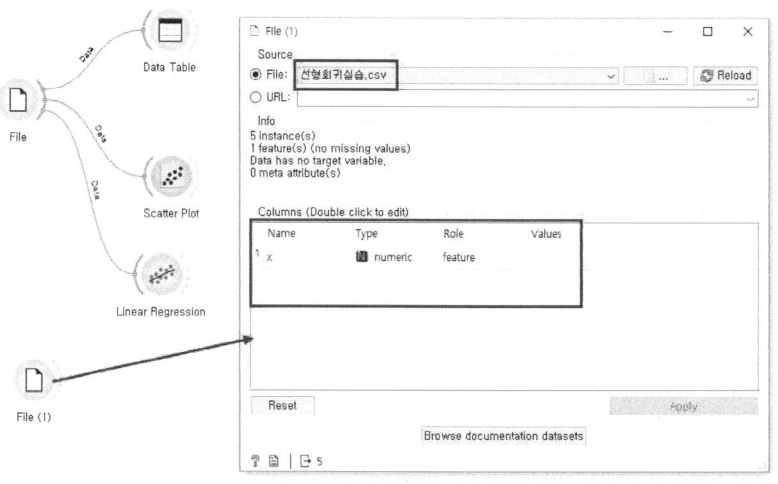

위의 그림과 같이 File 위젯을 추가하여, 이번에는 '선형회귀실습.csv' 데이터를 불러온다(File 위젯이 추가되었기 때문에 이름은 File(1)으로 바뀐다). 이 데이터에는 x값만 들어가 있다.

이제 모델을 적용하여 예측하기 위해, 왼쪽 메뉴에서 Evaluate 위젯을 선택한 다음, Prediction 위젯을 드래그한다.

여기에 File(1) 위젯을 연결하여 실습 데이터를 입력시키고, Linear Regression 위젯을 연결하여 모델을 적용시키는 과정을 진행시킨다.

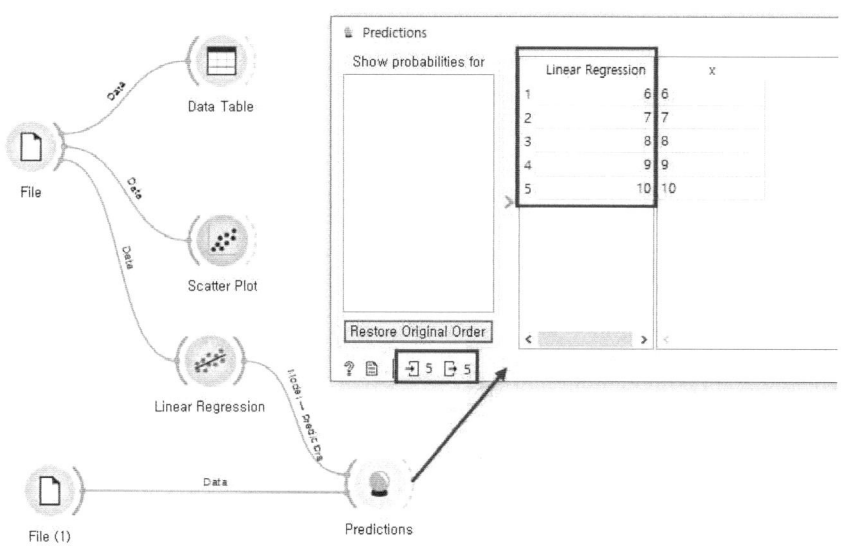

모델이 잘 적용되었는지 확인하려면 Prediction 위젯을 더블클릭하면 된다. 그림과 같이 Linear Regression 데이터가 생성되었음을 확인할 수 있고, 훌륭하게 예측하고 있음을 확인할 수 있다. 예측한 결과를 가시화하여 보려면 아래 그림과 같이 Scatter Plot(1) 위젯을 추가한 다음, Prediction 위젯과 연결하면 된다. Scatter Plot(1) 위젯을 더블클릭하면 아래 그림과 같이 나타난다. 왼쪽에 여러 가지 메뉴들을 클릭해보면서 어떻게 변화하는지 확인해보면, Scatter Plot(1) 위젯의 기능들을 이해할 것이다.

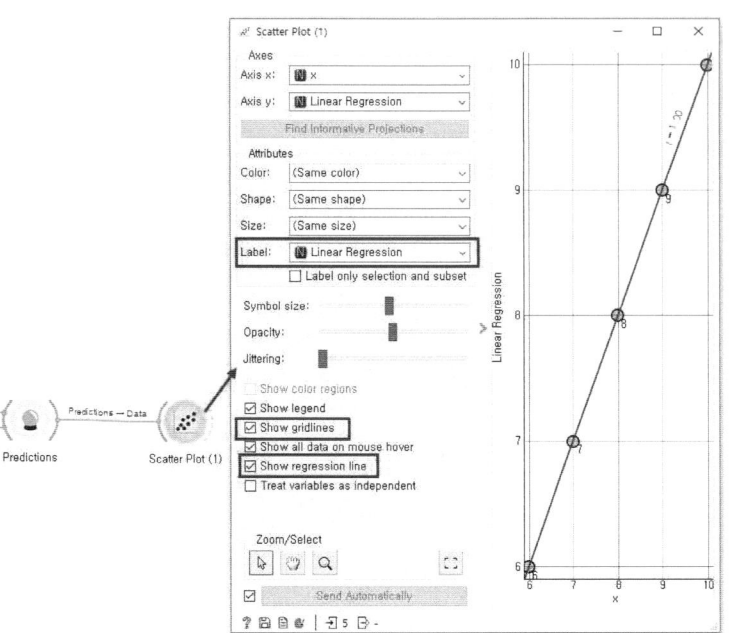

Orange에는 Linear Regression 이외에도 다양한 모델링 기능을 갖고 있다.

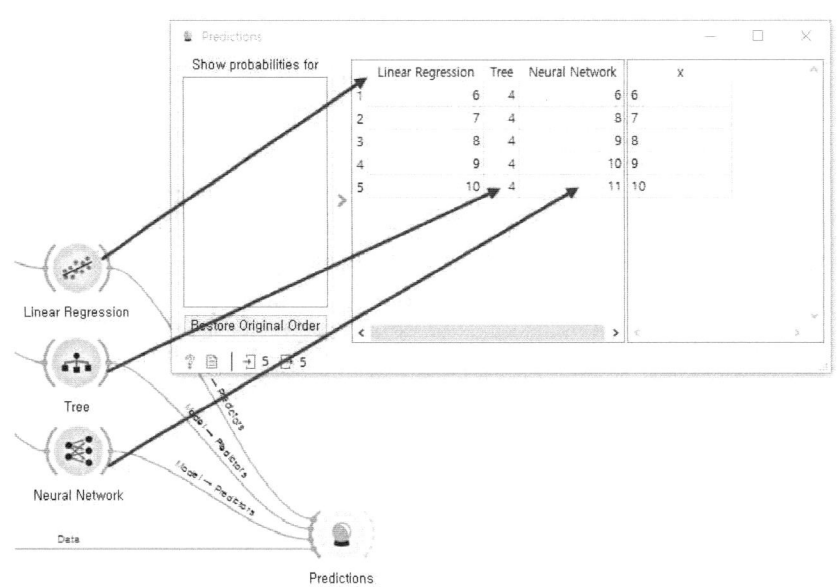

위의 그림에 Tree 위젯, Neural Network 위젯이 있는데 File 위젯으로부터 데이터를 받고, 다시 Prediction 위젯으로 연결해주면, Tree 모델과 Neural Network 모델이 추가된 것을 확인할 수 있다.

그림에서 보면, Neural Network 모델은 Linear Regression 모델과 비슷한 결과를 보이지만, Tree 모델은 전혀 다르게 예측하고 있음을 볼 수 있다. 이와 같이 Orange에 포함된 다양한 모델링 위젯을 사용하여 자신의 데이터를 예측해 볼 수 있다.

3. 간단하게 시작하기: Orange 3에서 데이터 로드하기

오렌지3에서 데이터를 가져오는 방법에는 여러 가지가 있습니다. 우선 클라우드 시스템의 구글 스프레드 시트에서 작성된 데이터를 가져오는 방법에 대해 설명하고자 합니다. 먼저 구글 스프레드 시트에서 데이터를 작성하고, 아래 그림과 같이 '공유'를 클릭합니다.

오렌지3를 실행하고 File 위젯을 편집창에 드래그 한 다음 더블클릭하면 아래와 같은 그림이 나타나는데, 조금 전에 복사해둔 파일의 링크주소를 입력하고, Apply 버튼을 클릭합니다.

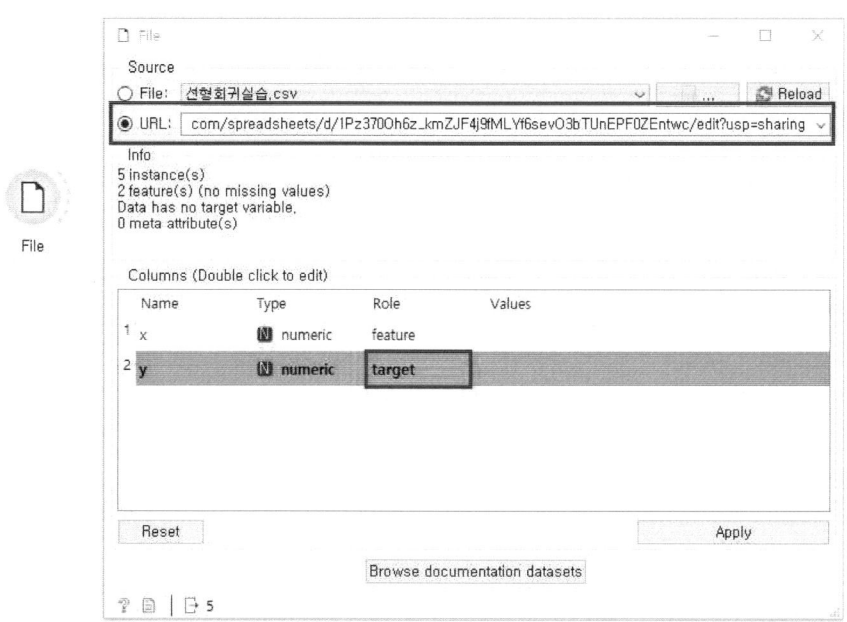

File 위젯 이외에도 'CSV File Import', 'Datasets' 위젯을 사용하여 데이터를 가져올 수도 있습니다.

'Datasets'에는 오렌지를 설치할 때 제공되는 데이터들이 있습니다. Datasets 위젯을 더블클릭하면 아래 그림과 같이 제공되는 데이터들에 대한 정보를 볼 수 있습니다. 원하는 데이터를 선택하면 그 데이터에 대한 개략적인 설명이 아래쪽에 표시됩니다.

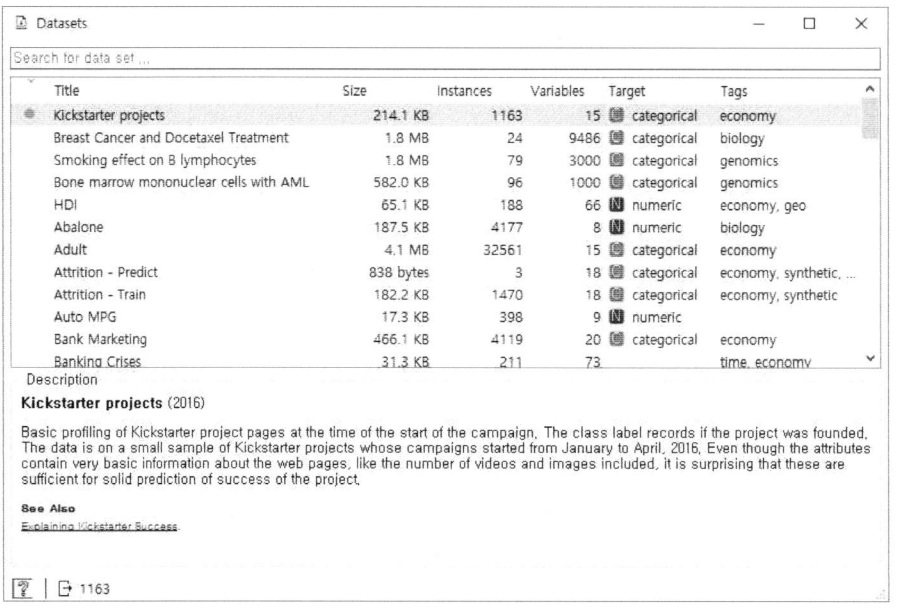

4. 실생활 데이터로 배우기: Orange 3를 이용한 주택 가격 예측

오렌지3를 설치할 때 같이 설치된 Datasets 중에서 Housing이라는 데이터를 이용하여 주택가격에 대한 예측을 해 봅시다.

이 데이터 세트에는 보스턴 지역의 주택과 관련하여 미국 인구조사국에서 수집한 정보가 포함되어 있습니다. 이 데이터는 StatLib 아카이브에서 얻은 것으로 문헌 전반에 걸쳐 알고리즘을 벤치마킹하기 위해 광범위하게 사용되었습니다. 이 데이터는 원래 UCI 기계 학습 저장소의 일부였으며 현재 제거되었습니다. 목적은 주어진 기능을 사용하여 주택가격의 가치를 예측하는 것입니다.

우선 아래 그림과 같이 Datasets 위젯을 클릭하여 Housing 데이터를 불러옵니다. 이를 Data Table 위젯을 통해 데이터의 구조를 살펴볼 수 있습니다.

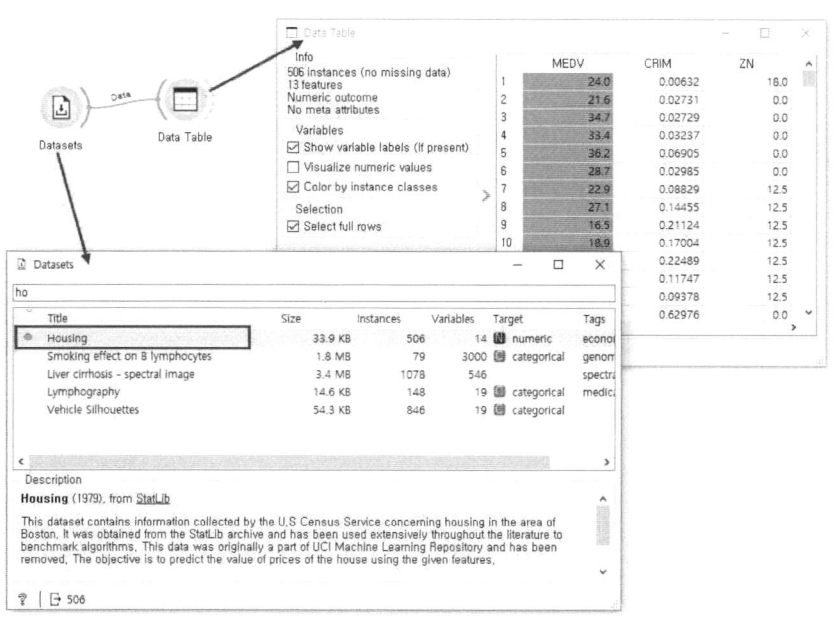

데이터 테이블에 나타난 항목들의 의미는 다음 표를 참조하시기 바랍니다.

```
Housing data

Variables in order:
CRIM     per capita crime rate by town
ZN       proportion of residential land zoned for lots over 25,000 sq.ft.
INDUS    proportion of non-retail business acres per town
CHAS     Charles River dummy variable (= 1 if tract bounds river; 0 otherwise)
NOX      nitric oxides concentration (parts per 10 million)
RM       average number of rooms per dwelling
AGE      proportion of owner-occupied units built prior to 1940
DIS      weighted distances to five Boston employment centres
RAD      index of accessibility to radial highways
TAX      full-value property-tax rate per $10,000
PTRATIO  pupil-teacher ratio by town
B        1000(Bk - 0.63)^2 where Bk is the proportion of blacks by town
LSTAT    % lower status of the population
MEDV     Median value of owner-occupied homes in $1000's
```

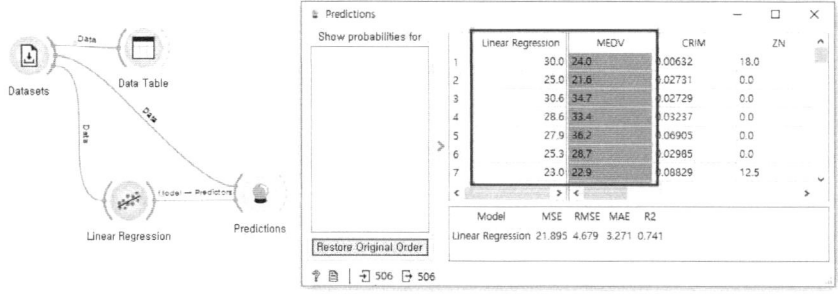

위의 그림과 같이 위젯들을 연결하여, target값(MIDV; 1,000달러에 해당하는 자가 주택의 중앙값)을 선형회귀분석(Linear Regerssion)을 통해 Predictions를 해보면 일치도가 0.741(R2)로 썩 좋지 않다.

이번에는 아래 그림과 같이 'Neural Network', 'Random Forest', 'Tree', 'AdaBoost' 위젯을 사용하여 예측하고 비교해 보면,

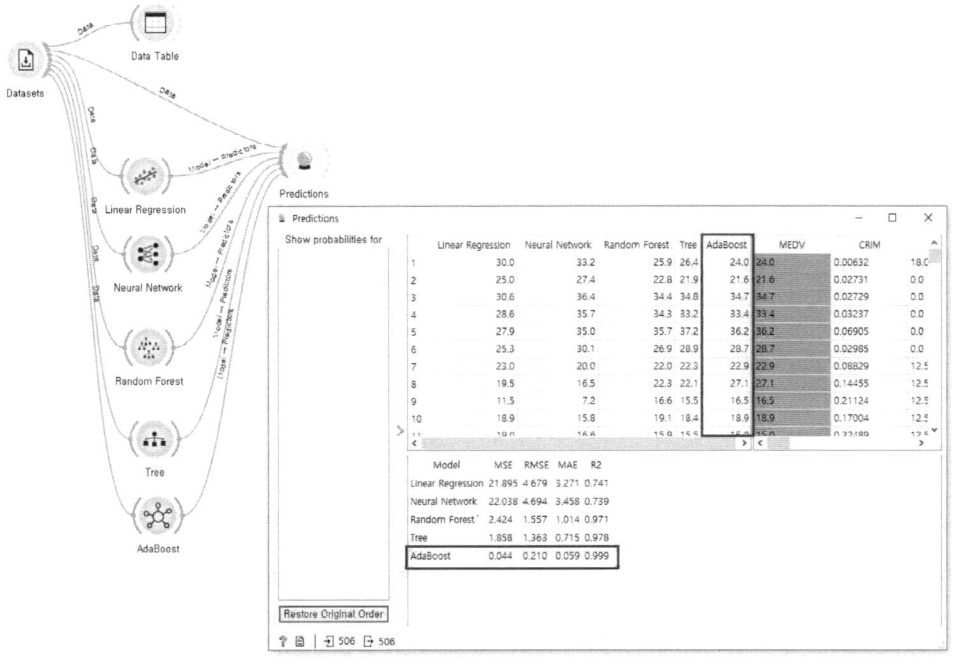

여러 가지 모델을 적용했을 때 AdaBoost가 가장 적합함을 알 수 있습니다.

MSE(Mean Squared Error)
예측값과 실제값의 차이의 제곱을 평균낸 것
$$\frac{1}{n}\sum_{i=1}^{n}(H(x_i) - y_i)^2$$

RMSE(Root Mean Squared Error)

MAE(Mean Absolute Error)
$$\frac{1}{n}\sum_{i=1}^{n}|H(x_i) - y_i|$$

R2(R Squared, R^2, 결정계수)
$$\frac{\sum_{i=1}^{n}(H(x_i) - \bar{y})^2}{\sum_{i=1}^{n}(y_i - \bar{y})^2}$$

$H(x) = Wx + b$

Chapter 2. 선형회귀: 데이터 이해의 첫걸음

Chapter 03 텍스트 데이터 분석

 정보화 시대에 텍스트 데이터는 어디에나 존재하며, 다양한 형태로 우리의 주변에 널려 있다. 소셜 미디어의 포스트부터 온라인 리뷰, 뉴스 기사에 이르기까지, 이러한 텍스트들은 가치 있는 정보와 인사이트를 담고 있다. 이런 정보들을 효과적으로 추출하고 분석하는 일은 많은 분야에서 중요한 역할을 한다. 특히, Orange 3를 이용한 텍스트 분석은 학생과 교육자들에게 텍스트 데이터로부터 지식을 추출하는 강력한 방법을 제공한다.

 텍스트 분석은 자연어 처리의 한 분야로, 컴퓨터가 인간의 언어를 이해하고 해석할 수 있도록 하는 다양한 기술과 방법론을 포함한다. 이 과정은 텍스트 데이터를 구조화된 형태로 변환하고, 패턴을 식별하며, 의미를 분석하는 것을 포함한다. Orange 3는 이러한 복잡한 과정을 단순화하여, 사용자가 코딩 지식이 없어도 텍스트 데이터를 효과적으로 분석할 수 있도록 해준다.

 본 챕터에서는 Orange 3의 텍스트 분석 도구를 사용하여 텍스트 데이터를 어떻게 불러오고, 전처리하는 방법에 대해 설명한다. 데이터를 불러오는 것부터 텍스트의 토큰화, 스톱워드 제거, 단어 빈도 분석까지, 텍스트 분석의 기본적인 단계를 Orange 3를 사용하여 어떻게 수행할 수 있는지 단계별로 안내한다.

 이 챕터는 또한 분석 결과를 해석하고 실제 사례에 어떻게 적용할 수 있는지에 대한 지침을 제공한다. Orange 3의 시각적 도구를 활용하여 분석 결과를 효과적으로 시각화하고, 데이터 속 숨겨진 패턴과 인사이트를 발견하는 방법에 대해서도 탐구한다.

텍스트 분석을 통해, 학생들은 데이터에서 유의미한 정보를 찾아내고, 정보에 근거한 결정을 내리는 능력을 개발할 수 있다. Orange 3를 이용하면, 복잡한 프로그래밍 기술 없이도 이러한 분석을 수행할 수 있으며, 이는 데이터 과학 교육에 있어 중요한 자원이 된다. 본 챕터를 통해 독자들은 Orange 3를 활용한 텍스트 데이터 분석의 기초를 배우고, 이를 다양한 분야에서의 문제 해결에 적용할 수 있을 것이다.

1. 텍스트 전처리와 워드 클라우드

오렌지3를 이용하여 텍스트 분석을 해봅시다. 텍스트를 분석하기 위해서는 Copus 위젯을 사용해야 합니다. Copus Viewer 위젯은 불러온 텍스트 데이터의 내용을 볼 수 있게 해줍니다.

먼저 아래 그림과 같이 Copus 위젯을 추가하고, grimm tales 이야기가 담긴 grimm-tales-selected.tab 데이터를 불러옵니다.

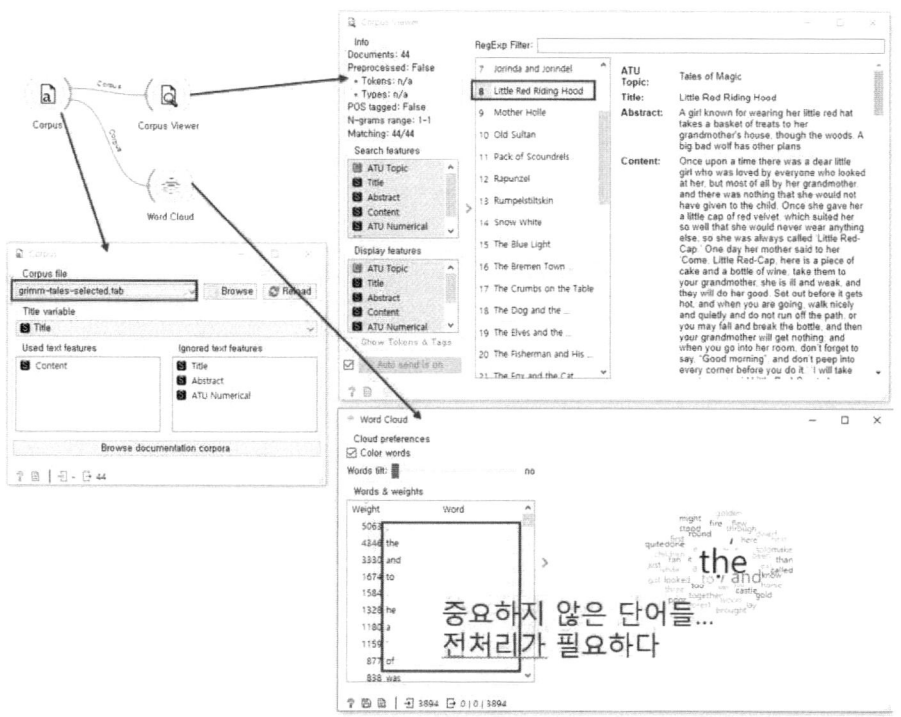

 이를 Word Cloud 위젯에 연결하면 위의 그림과 같이 데이터에 포함된 단어들이 구름 형태 분포되는 것을 볼 수 있습니다. 여기에는 분석에 중요하지 않은 단어들이 많이 포함되어 있어 정확하고 빠른 분석을 위해서는 전처리가 필요합니다. 전처리를 위해서는 전처리용 위젯(Preprocess Tsxt)을 사용합니다.

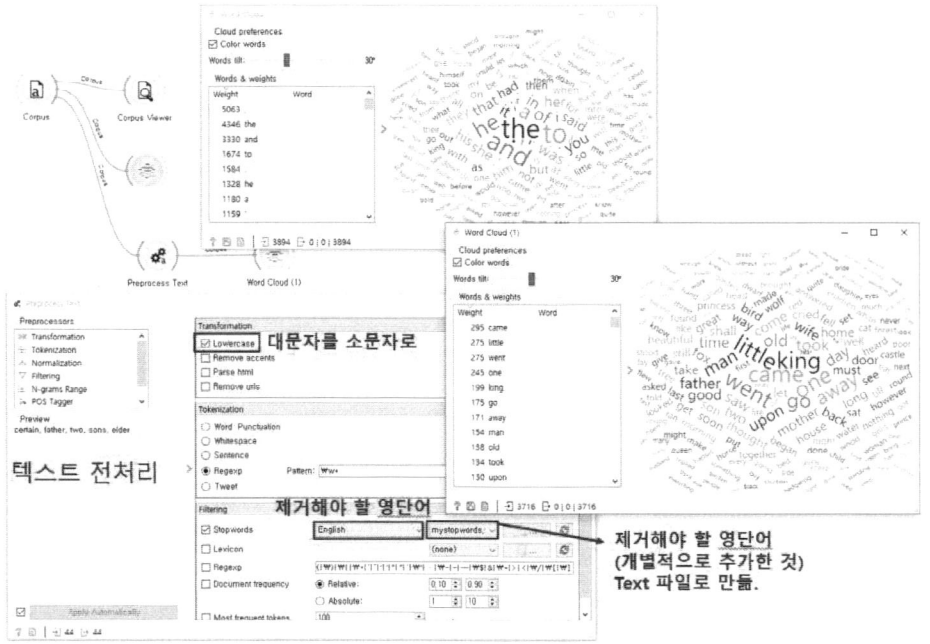

　Preprocess Text 위젯에서 대문자를 모두 소문자로 바꿀 수 있으며, 제거해야 할 영단어가 담긴 text 파일을 연결해줍니다.

2. 온라인 위젯으로 자료 로드하기

텍스트 데이터는 웹사이트에서 검색어를 통해 불러올 수도 있습니다.

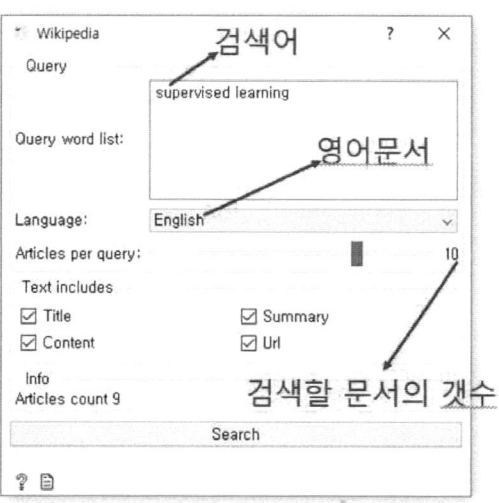

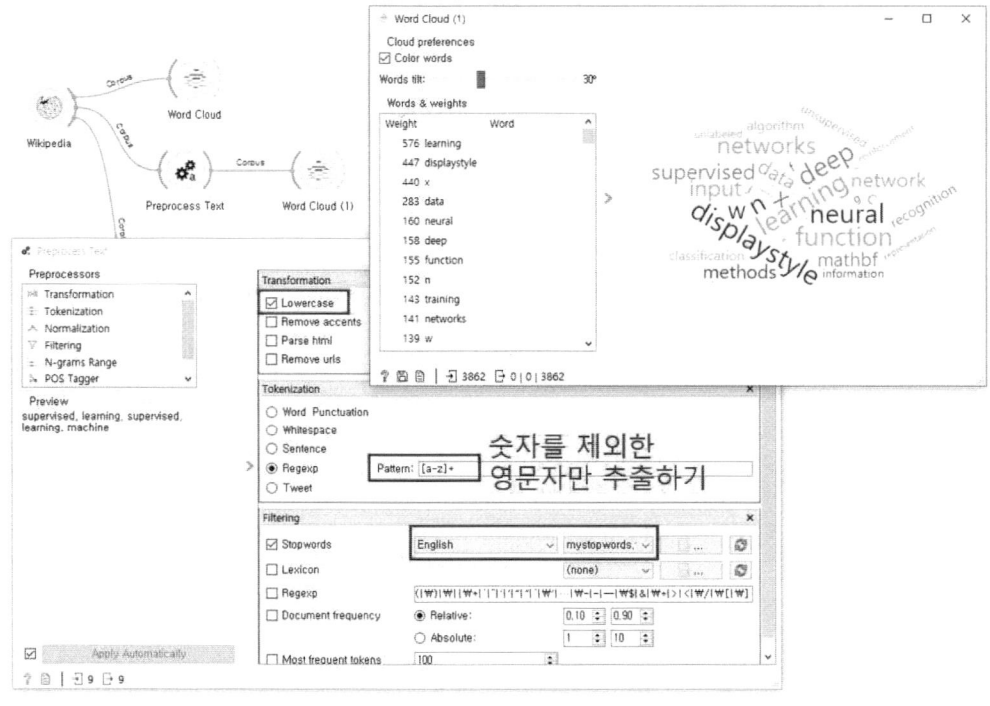

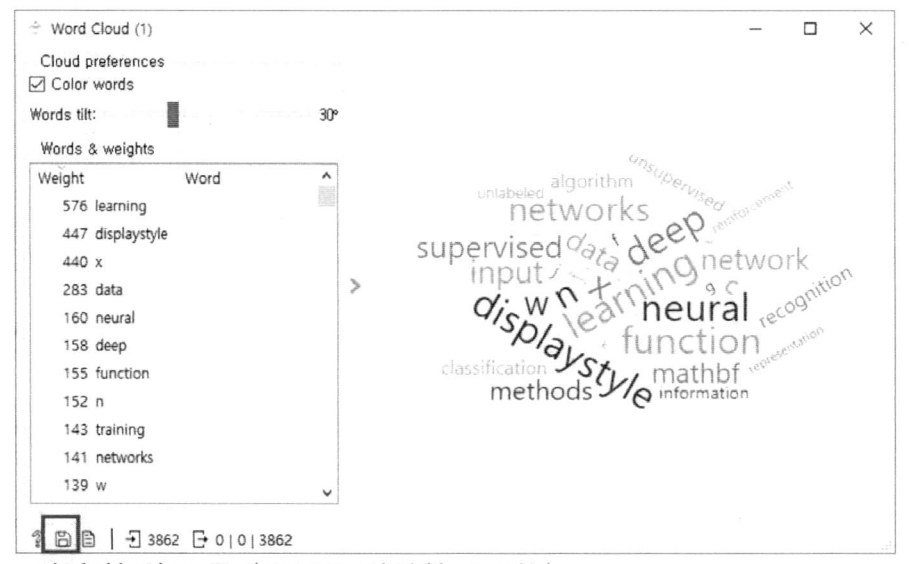

추출한 워드 클라우드를 저장할 수 있다

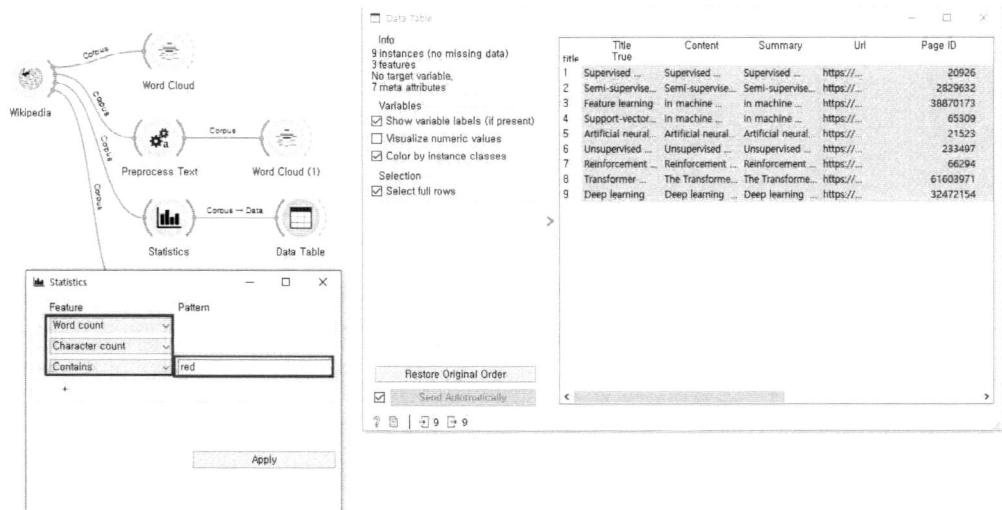

Chapter 3. 텍스트 데이터 분석

3. 실생활 데이터로 배우기: Orange 3를 이용한 교육과정, 수능 문제 분석

학교 현장에서 교육과정 및 수능 문제 분석과 학생 설문 결과 분석등에 워드 클라우드를 활용하는 방법에 대해 알아보자.

이번에는 교육과정을 워드 클라우드로 표현해보도록 하겠다. Orage3를 실행시키고 Options > Add - ons 에서 Text 를 설치해준다.

국가교육과정정보센터(https://ncic.re.kr/mobile.index2.do)에서 분석을 원하는 교육과정을 pdf 파일로 받을 수 있다. 하지만 Orange3에서 사용하기 위해서는 이 파일 형식을 csv 파일로 변환해야 하며 이는 다음과 같은 웹사이트를 활용하여 가능하다.
https://convertio.co/kr/document-converter/

이제 Orange3에서 워드 클라우드를 사용할 준비는 모두 끝이다.

변환한 '교육과정. csv' 파일을 Orange3에 불러오고 다음과 같이 연결한다.

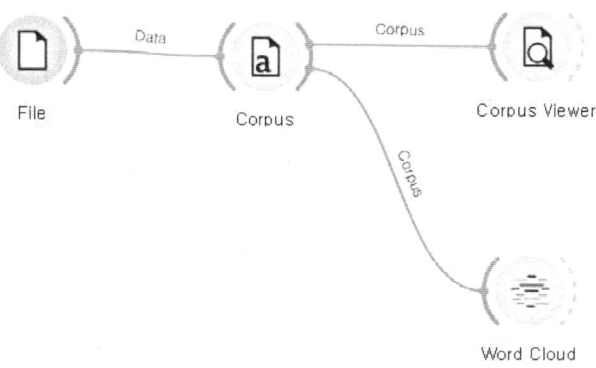

'Corpus Viewer'에서 불러온 파일의 내용을 확인 할 수 있으며 'Word Cloud'에서는 빈도수에 따라 크기가 다른 단어들을 확인 할 수 있다.

이렇게 만들어진 워드 클라우드에는 의미 없는 조사 및 기호들이 포함되어 있어서 단어 필터링을 해줘야 키워드를 파악할 수 있다.

다음과 같이 Corpus와 Word Cloud 사이에 Preprocess Text를 추가한다.

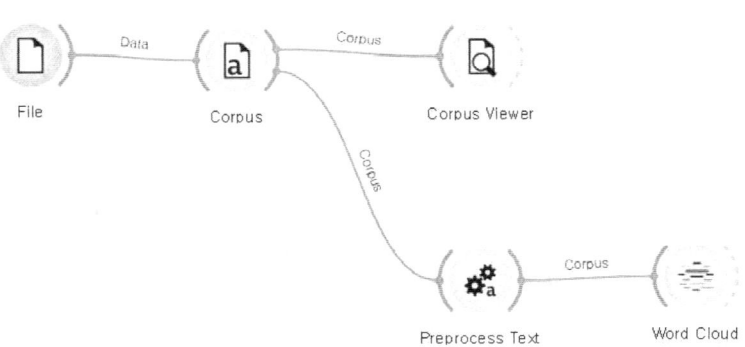

　　Word Cloud 왼쪽에 Weight를 클릭하여 빈도수 내림차순으로 정렬하고 '메모장' 프로그램을 열어 필터링할 단어들을 적고 저장한다. 저장한 필터링 파일을 Preprocess Text > Filtering > Stopwords 에서 불러와 주면 필터링 된 워드 클라우드를 얻을 수 있다.

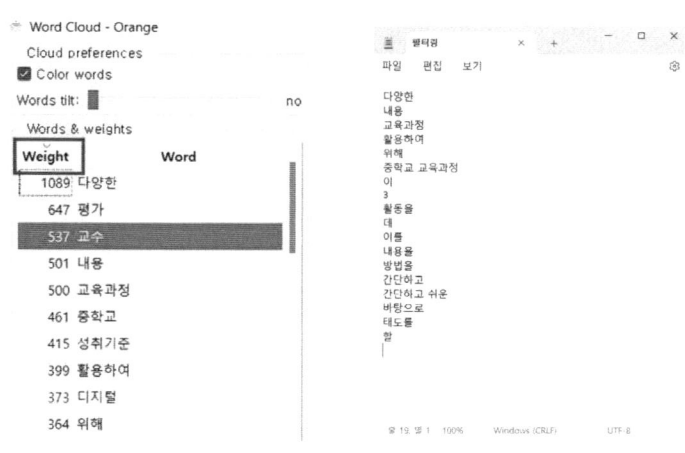

 이뿐 아니라 학생들이 교과에 대한 감정 및 태도를 설문 조사하여 워드 클라우드로 나타내어 학기초와 학기말 학생들의 변화에 대해서도 나타내는 활동을 해볼 수 있다.

4. 텍스트 분석 응용하기: 텍스트 군집화

grimm-tales-selected.tab 파일

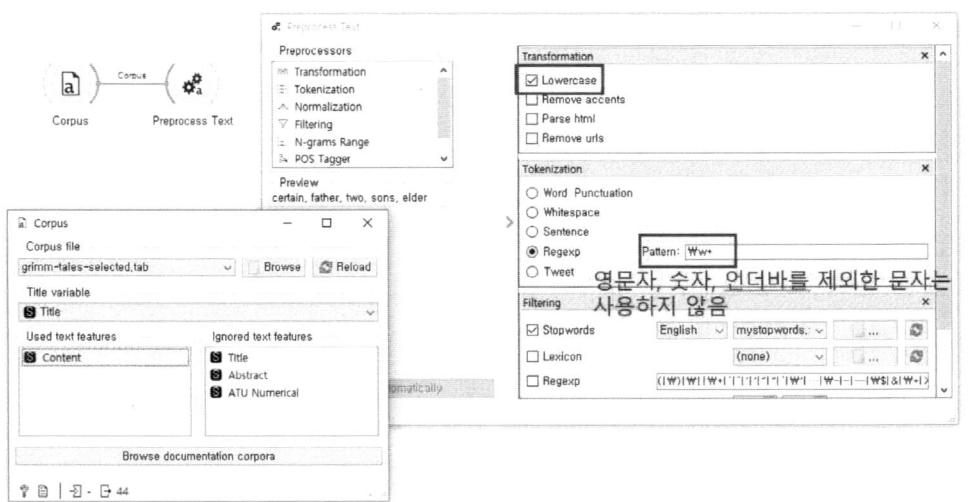

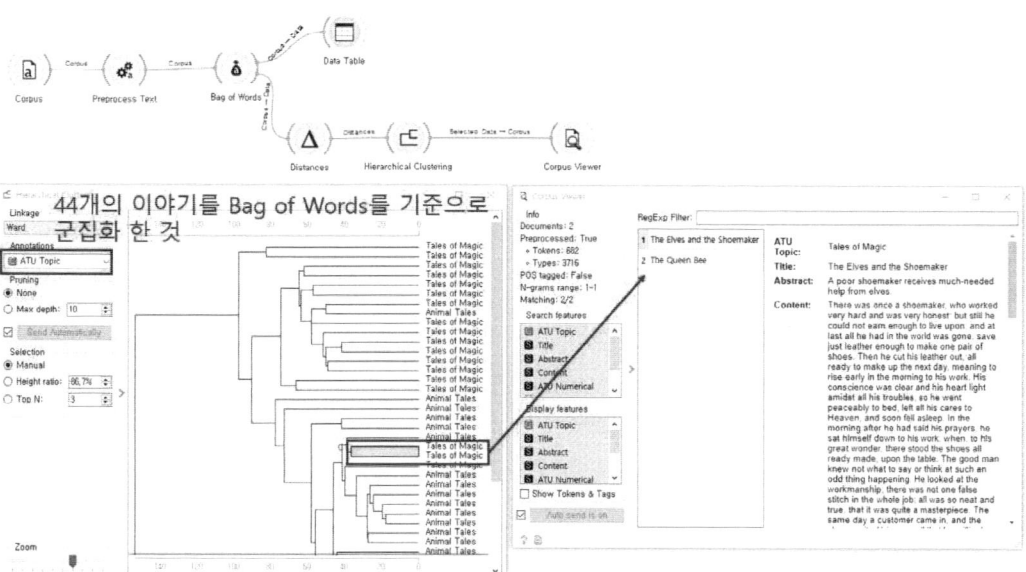

5. 텍스트 분석 응용하기: 텍스트 분류

오렌지3를 이용하여 텍스트를 분류해봅시다. 텍스트를 분류하기 위해서는 Corpus 위젯을 사용해야 합니다. 여기서는 텍스트 분류를 통해 안데르센 이야기가 grimm tales 이야기와 어느 정도 비슷한지 확인하는 작업을 해봅시다. 이를 위해 grimm tales 이야기가 담긴 grimm-tales-selected.tab 데이터와 안데르센 이야기가 담긴 andersen.tab 데이터를 활용합니다.

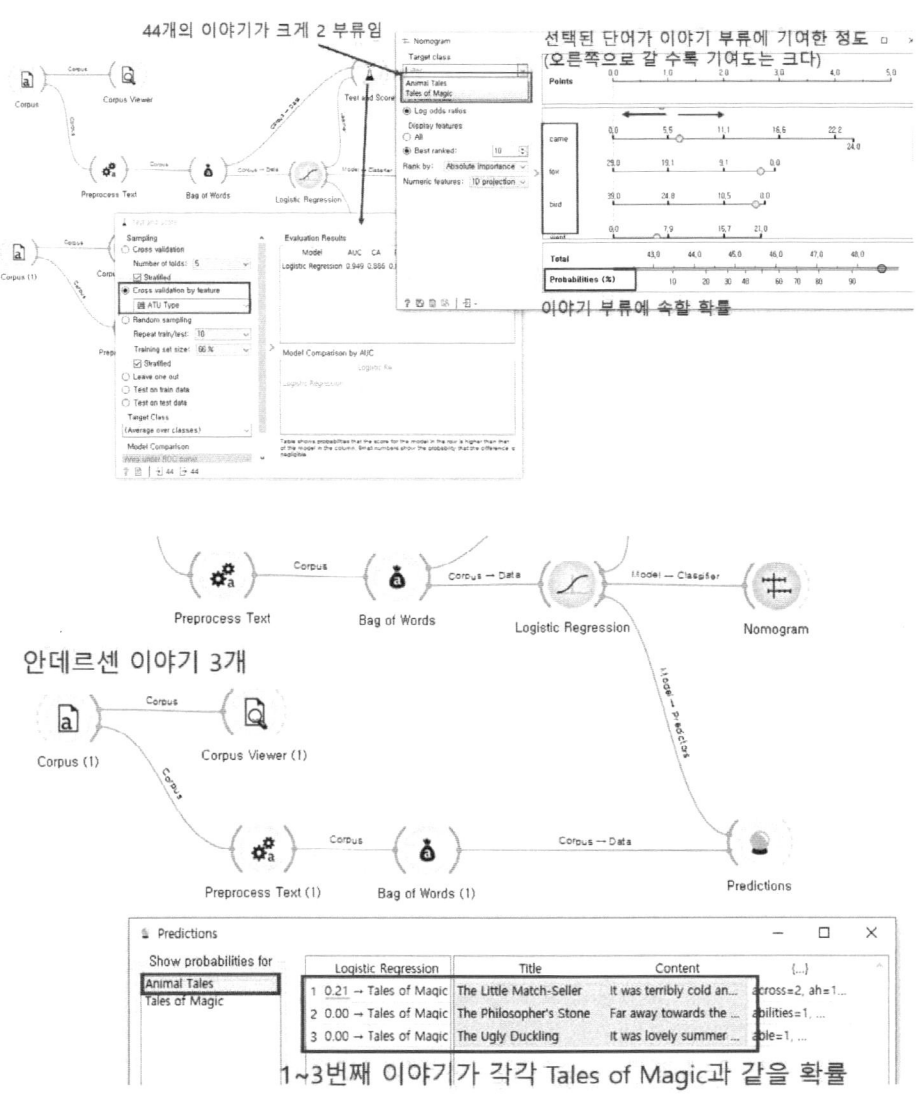

Chapter 04 의사결정 트리: 직관적인 분류와 예측

 데이터 과학에서 데이터로부터 의미 있는 패턴을 발견하고 미래를 예측하는 것은 핵심적인 목표 중 하나이다. 이 과정에서 의사결정 트리는 그 직관적인 이해와 강력한 분류 능력으로 인해 매력적인 도구로 자리 잡고 있다. 의사결정 트리는 데이터를 분류하고 예측하는 모델을 구축할 때, 'if-then-else' 결정 규칙을 사용하여 해석하기 쉬운 규칙 기반의 접근 방식을 제공한다.

 이 챕터에서는 의사결정 트리의 기본 원리와 구조를 소개하며, 어떻게 이를 통해 데이터를 분류하고 예측할 수 있는지 탐구한다. 의사결정 트리는 데이터를 반복적으로 더 작은 서브셋으로 분할하는 방식으로 작동하며, 각 분할은 가능한 가장 순수한 자식 노드를 생성하려는 목적으로 이루어진다. 이 과정을 통해, 데이터 내의 복잡한 구조와 관계를 간단한 결정 규칙으로 나타낼 수 있다.

 또한, 의사결정 트리를 구축, 평가, 해석하는 과정을 단계별로 설명한다. 의사결정 트리 알고리즘의 다양한 변형과 개선된 형태인 랜덤 포레스트와 부스팅 트리 등도 논의한다. 이들은 단일 의사결정 트리의 단점을 극복하고 더 높은 정확도와 일반화 능력을 제공한다.

 데이터 과학 교육에서 의사결정 트리는 학습자가 데이터 분석의 기본적인 개념을 이해하고 실제 문제에 적용하는 데 중요한 역할을 한다. 의사결정 트리의 시각적 구조는 모델의 결정 과정을 쉽게 이해하고 해석할 수 있게 해주며, 이는 분석적 사고와 문제 해결 능력을 키우는 데 유용하다.

이 챕터를 통해, 의사결정 트리의 기본 원리를 이해하고, 이를 사용하여 실제 데이터 분석 문제를 해결하는 방법을 배울 수 있다. 이 과정에서 필요한 지식과 기술을 얻게 될 것이다.

1. Tree_Tree Viewer

Tree는 계층 구조를 가지 데이터 요소들을 나타내는 방법이다. 트리에서는 데이터를 저장하는 요소인 한 노드가 다른 노드에 연결되는 방식으로 구성되며 각 노드에는 상하 관계를 형성한다.

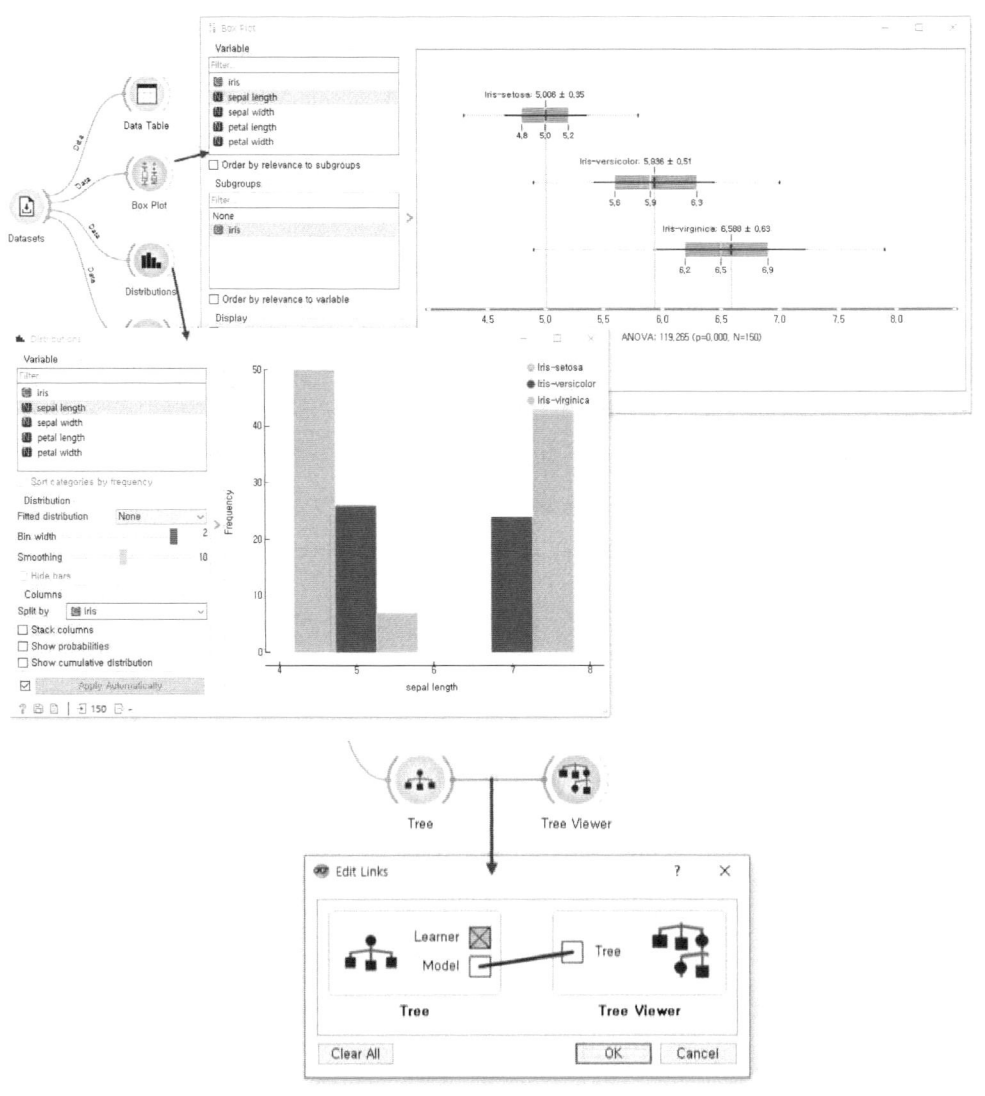

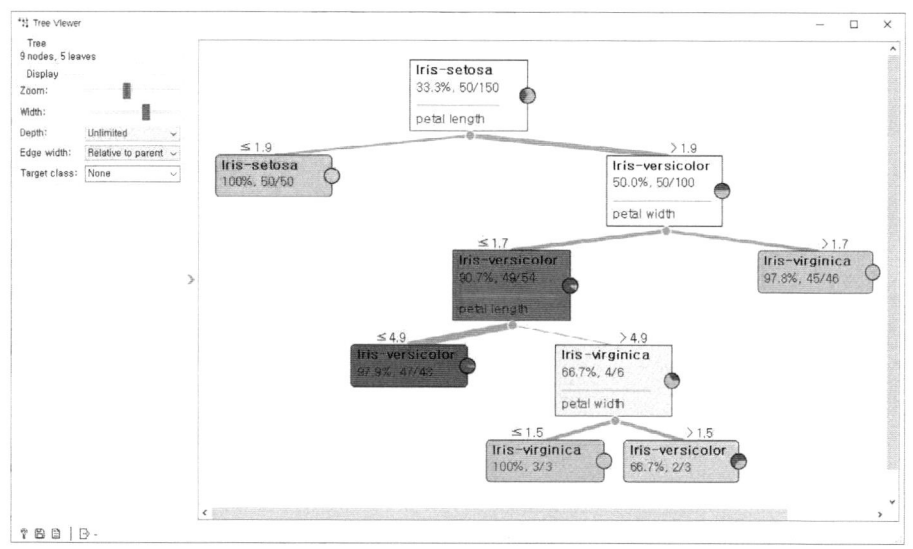
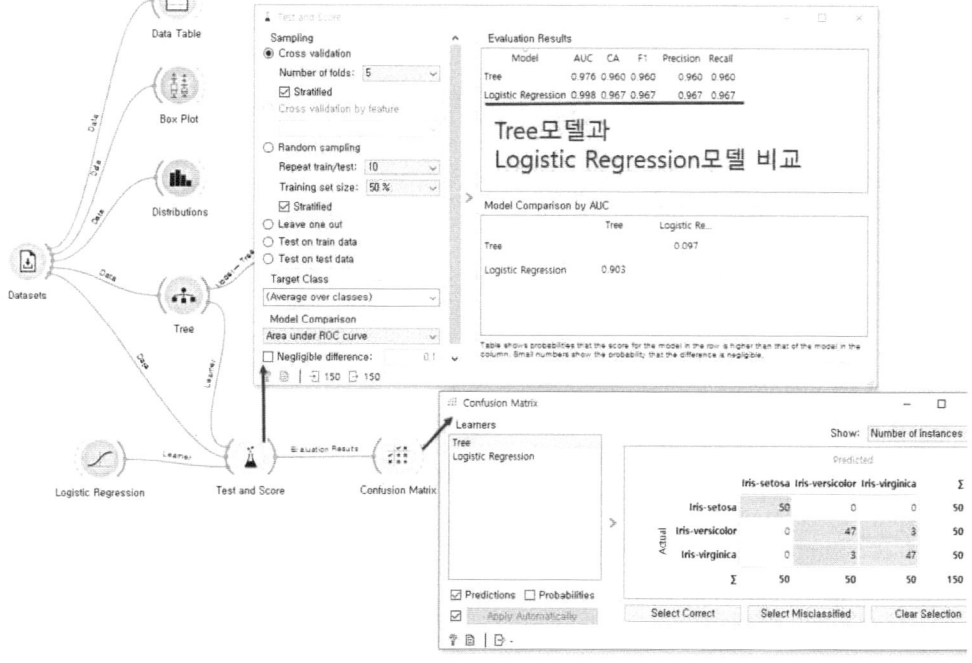

2. 'Tree'를 활용한 생물분류

이번 장에서는 트리를 이용하여 중학교 1학년 생물의 분류단원에서 생물을 분류하고 이를 표현하는 방법에 대해 알아보자.

2015 교육과정에서는 생물의 분류 단계 중 계 수준으로 분류하고 구분 짓는 특징에 대해 알아보는 내용이 있다. 이를 오렌지3의 Tree로 분류해 보기 위해서는 다음과 같은 엑셀파일을 만드는 과정이 필요하다.

1) 교과서에 나오는 생물 또는 인터넷 검색을 통해 분류하고 싶은 생물들의 목록 정리
2) 각 생물들이 어떤 계에 속하는지 조사하기
3) 핵막유무, 광합성 가능 여부, 조직 발달 여부, 기관 발달 여부, 운동기관 여부, 균사 여부를 조사하여 있으면 1, 없으면 0으로 표현

	계통	핵막유무	광합성 가능	조직발달	기관발달	운동기관	균사
가재	동물계	1	0	1	1	1	0
개구리	동물계	1	0	1	1	1	0
고사리	식물계	1	1	1	1	0	0
김	원생생물계	1	1	0	0	0	0
남세균	원핵생물계	0	1	0	0	0	0
다시마	원생생물계	1	1	0	0	0	0
민들레	식물계	1	1	1	1	0	0
뱀	동물계	1	0	1	1	1	0
버섯	균계	1	0	1	1	0	1
벌	동물계	1	0	1	1	1	0
붕어	동물계	1	0	1	1	1	0
새	동물계	1	0	1	1	1	0
소나무	식물계	1	1	1	1	0	0
아메바	원생생물계	1	0	0	0	0	0
옥수수	식물계	1	1	1	1	0	0
유글레나	원생생물계	1	1	0	0	0	0
은행나무	식물계	1	1	1	1	0	0
이끼	식물계	1	1	1	1	0	0
젖산균	원핵생물계	0	0	0	0	0	0
지렁이	동물계	1	0	1	1	1	0
짚신벌레	원생생물계	1	0	0	0	0	0
포도상 구균	원핵생물계	0	1	0	0	0	0
푸른곰팡이	균계	1	0	1	1	0	1
해캄	원생생물계	1	1	0	0	0	0
해파리	동물계	1	0	1	1	1	0
호랑이	동물계	1	0	1	1	1	0
효모	균계	1	0	1	1	0	1

Orange3에서 File, Data Table, Tree, Tree Viewer을 다음과 같이 연결한다.

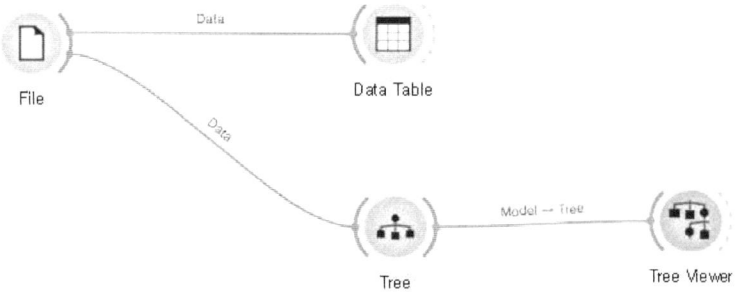

File에서 엑셀파일에 '계'에 해당되는 열의 Role를 target로 변환해 준다.

이후 Tree Viewer로 분류 결과를 확인할 수 있다. 이는 다음과 같이 해석할 수 있다.

1) 조직발달이 0(없다) 이고 핵막이 1(있다)인 생물이면 원생 생물계로 분류
2) 조직발달이 1(있음) 이고 운동기관이 0(없다), 광합성 가능이 1(가능) 인 생물이면 식물계로 분류

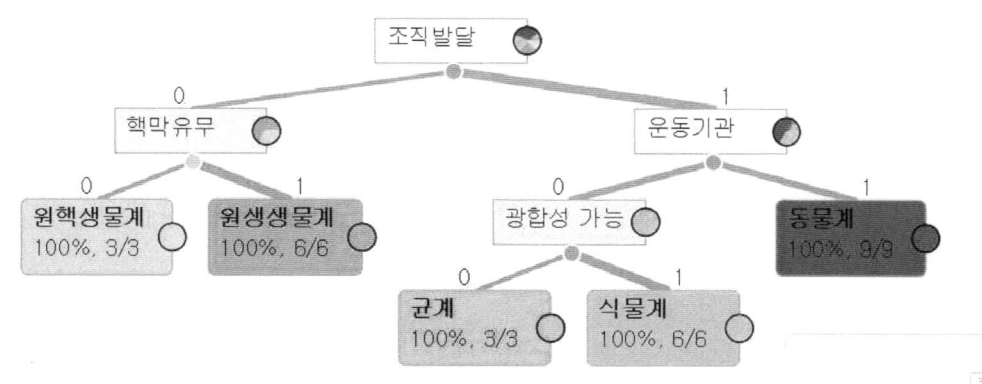

계	설명
원핵생물계	조직발달(0)이 없고 핵막(0)이 없는 생물
원생생물계	조직발달(0)이 없고 핵막(1)이 있는 생물
균계	조직발달(1)이 있고 운동기관(0)은 없으며 광합성(0)이 불가능한 생물
식물계	조직발달(1)이 있고 운동기관(0)은 없으며 광합성이 가능한 생물
동물계	조직발달(1)이 있고 운동기관(1)이 있는 생물

3. 혈액형 예측

학교 현장에서 유전 관련 수업 및 가계도 수업을 하다보면 학생이 확률에 대해 익숙치 못한 경우가 많다. 또한 학생은 자신의 혈액형은 자세히 알고있지만 부모님의 혈액형을 자세히 모르는 경우도 많다. 일상 속에서 친숙한 혈액형을 이용하여 혈액형 예측을 해보고자 한다. 혈액형 데이터를 모델을 통해 학습시키고 가족 구성원의 한명의 혈액형을 모르는 경우 학습한 데이터를 통해 어떠한 혈액형을 가질지 예측해 볼 것이다.

Data 탭의 File을 클릭하여 을 불러온 후 더블 클릭한다.

위와 같이 아버지 어머니 자녀 혈액형 데이터.xlsx(데이터 파일은 부록을 참고하도록 하자.)를 불러오고 Columns탭의 어머니의 Role을 feature에서 target으로 바꿔준다.

Model탭의 Tree를 불러와 를 생성하고 위와 같이 파일과 연결시켜 데이터를 학습시킨 후 를 더블 클릭하여 창을 연다.

위 그림과 같이 설정하고 창을 닫는다.

이번엔 예측할 혈액형을 만들기 위해 Data 탭의 File을 클릭하여 위젯을 불러온 후 더블 클릭하여 창을 연다.

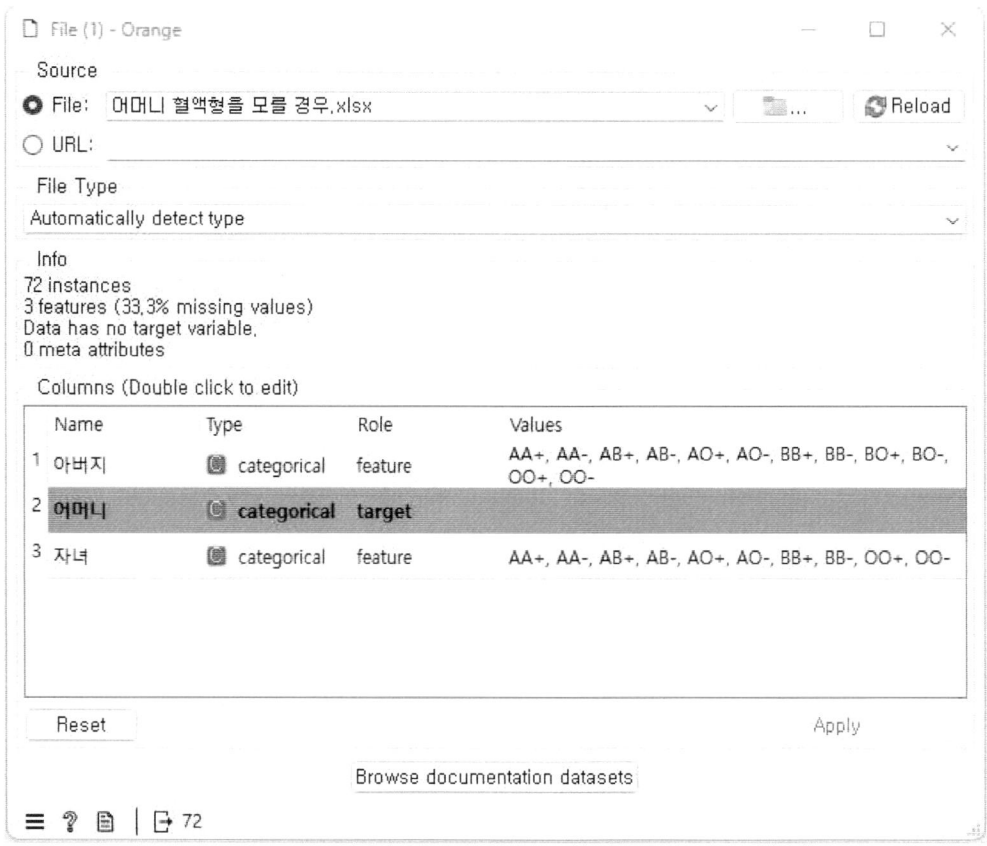

위 그림과 같이 어머니의 혈액형을 모를 경우.xlsx(데이터 파일은 부록을 참고하도록 하자.)를 불러오고 Columns탭의 어머니의 Role을 feature에서 target으로 바꿔주고 창을 닫는다.

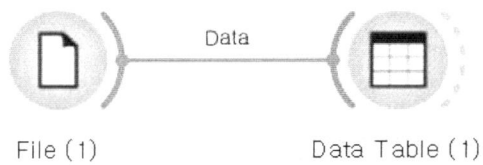

위 그림과 같이 Data Table을 연결하고 Data Table을 클릭해 창을 열어 불러온 데이터를 확인한다.

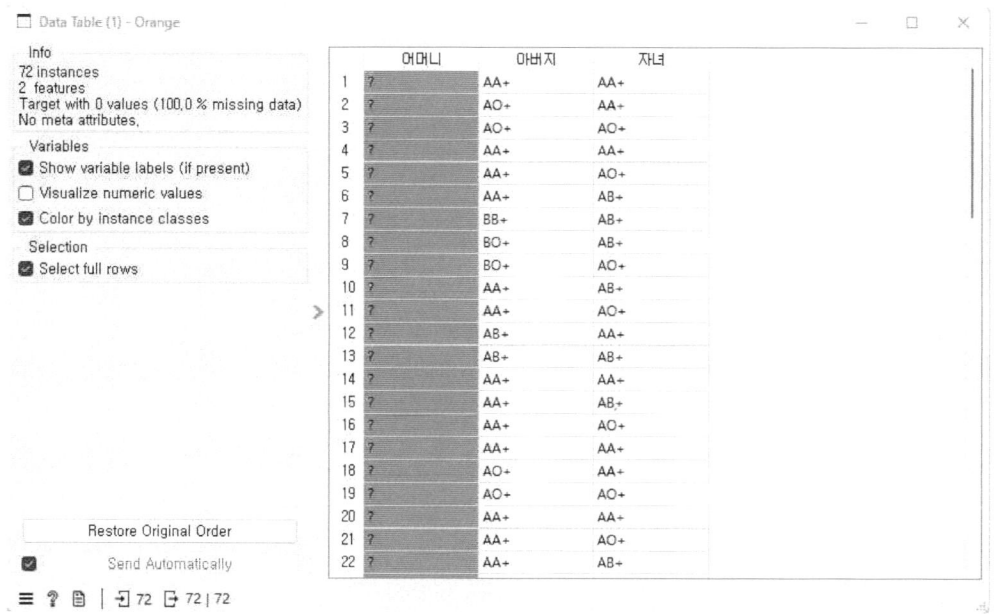

위 그림처럼 어머니의 혈액형 데이터는 ?(물음표)로 나타나게 되어있다. 이는 데이터가 입력되어있지 않음을 뜻한다. 지금부터 학습한 데이터를 통해 입력되어 있지 않은 어머니 혈액형 예측을 해보자.

Evaluate탭의 Predictions을 클릭하여 Predictions 를 생성하고 이것을 Tree File (1) 이 두개와 왼쪽에 연결한 뒤, 오른쪽에는 Data Table (2) 를 연결하여 아래와 같이 만든다.

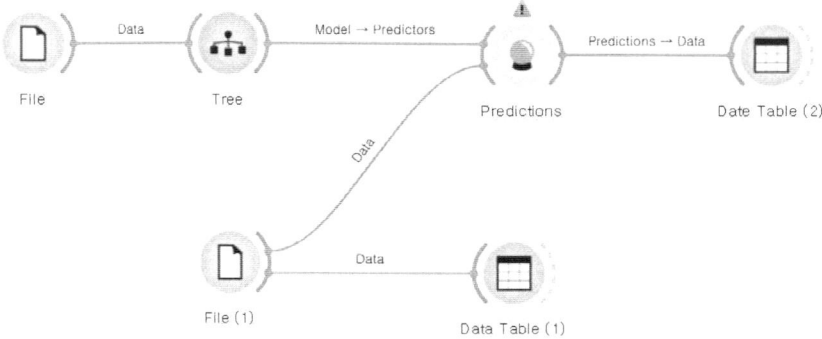

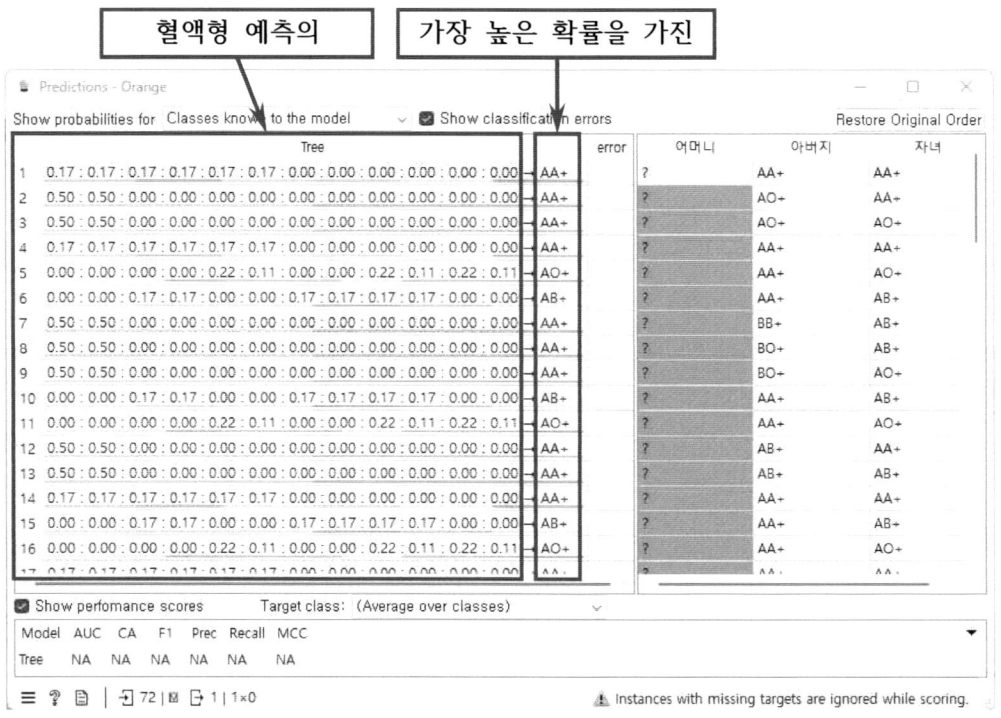을 클릭하면 아래와 같이 창이 열린다.

위 그림처럼 경우마다의 어머니의 혈액형을 확률로 예측한 표를 확인할 수 있다.

혈액형 순서로 각 확률이 표기되며 오른쪽에는 가장 높은 확률을 가진 혈액형이 표기된다.

(확률 모두 같을 경우 맨앞의 혈액형을 표기한다.)

자세히 확인하고 싶은 데이터는 Predictions 창 내에서 데이터를 클릭하고 Data Table (2) 를 열어 아래처럼 확인한다.

어머니	Tree	Tree (AA+)	Tree (AA-)	Tree (AB+)	Tree (AB-)	Tree (AO+)	Tree (AO-)
?	AA+	0.166667	0.166667	0.166667	0.166667	0.166667	0.166667

Tree (BB+)	Tree (BB-)	Tree (BO+)	Tree (BO-)	Tree (OO+)	Tree (OO-)	아버지	자녀
0	0	0	0	0	0	AA+	AA+

이처럼 각 혈액형의 자세한 확률을 확인할 수 있다.

Chapter 05 군집화(Clustering): 데이터 내 숨겨진 패턴 발견하기

　데이터 과학에서 군집화는 데이터 포인트를 유사한 특성을 공유하는 그룹으로 분류하는 중요한 태스크 중 하나이다. 이 과정은 레이블이 지정되지 않은 데이터에서 구조를 발견하고, 데이터 내의 자연스러운 그룹핑을 식별하는 데 사용된다. Orange 3를 활용한 군집화는 시각적이고 직관적인 방법으로 이러한 분석을 수행할 수 있게 해주며, 복잡한 코딩 없이도 데이터 내의 숨겨진 패턴과 구조를 탐색할 수 있는 강력한 도구를 제공한다.

　이 챕터에서는 Orange 3의 군집화 기능을 소개하고, 데이터 세트 내에서 유의미한 그룹을 찾는 과정을 단계별로 설명한다. K-평균(K-means)과 계층적 군집화(Hierarchical Clustering)와 같은 다양한 군집화 알고리즘을 살펴보고, 각각의 알고리즘이 어떻게 데이터 포인트를 그룹화하는지, 그리고 이들 간의 차이점과 적용 사례에 대해 논의한다.

　군집화는 시장 세분화, 소셜 네트워크 분석, 유전자 분류 등 다양한 응용 분야에서 유용하게 사용된다. Orange 3의 시각적 프로그래밍 환경은 군집화 알고리즘의 선택과 조정, 결과의 시각화를 간단하고 효율적으로 만들어, 복잡한 데이터 세트에서도 직관적인 인사이트를 얻을 수 있게 해준다.

　본 챕터는 또한 군집화 결과의 평가 방법과 그 해석을 다룬다. 군집의 질을 평가하는 다양한 지표와 시각화 기법을 통해, 얻어진 군집이 실제로 데이터 내의 구조를 잘 반영하는지를 판단할 수 있는 방법을 제공한다.

Orange 3를 사용한 군집화는 데이터 과학자, 연구자, 교육자가 데이터 내의 숨겨진 패턴을 발견하고 이를 기반으로 실질적인 인사이트를 도출할 수 있게 해준다. 이 챕터를 통해, 복잡한 데이터 세트를 효과적으로 분석하고 해석하는 데 필요한 기술과 지식을 습득할 수 있다.

1. k-means 군집화

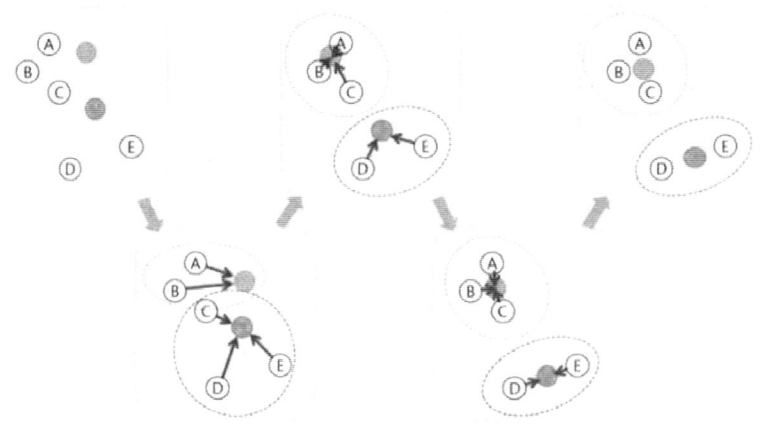

K-means 알고리즘이란, Clustering(군집화)에서 가장 많이 사용하는 알고리즘으로, 군집의 중심점을 지정해 해당 중심에서 가장 가까운 점들을 선택한 다음 이를 평균 지점으로 이동한 다음 다시 가까운 점들을 선택하는 과정을 더 이상 중심점이 이동하지 않을 때까지 반복하며 분석하는 방법이다. 이는 feature의 개수가 적어야 하지만, 알고리즘 자체가 쉽고 간결하면서도, 영상 RGB 분할 등 대용량 데이터를 분석할 수 있다는 장점이 있다. 이제 K-means를 오렌지 프로그램에서 어떻게 적용하는지 알아보자.

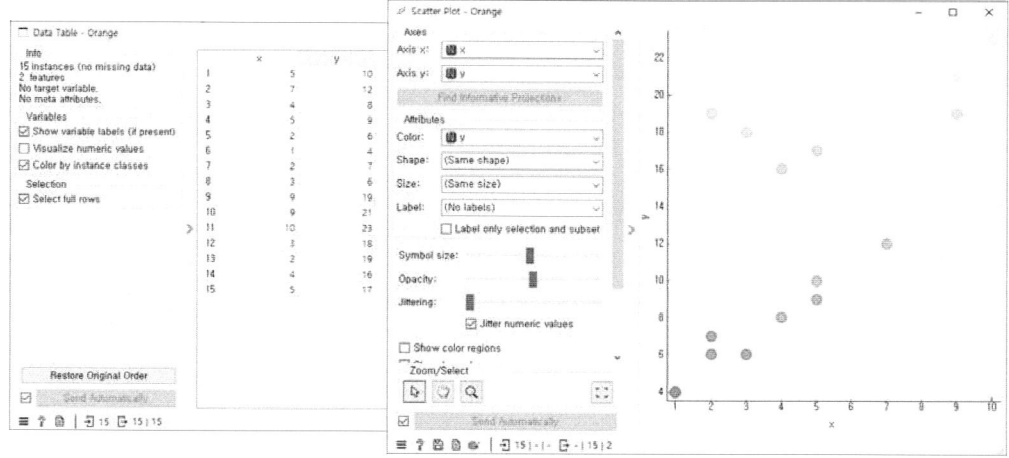

먼저 다음과 같이 x-y값이 무작위로 배정되어있는 파일을 불러온다. 이 때 데이터의 Role은 feature로 지정해야 한다. 그 다음 data를 Unsupervised 항목에 위치한 k-Means 위젯에 연결한다.

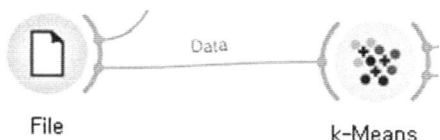

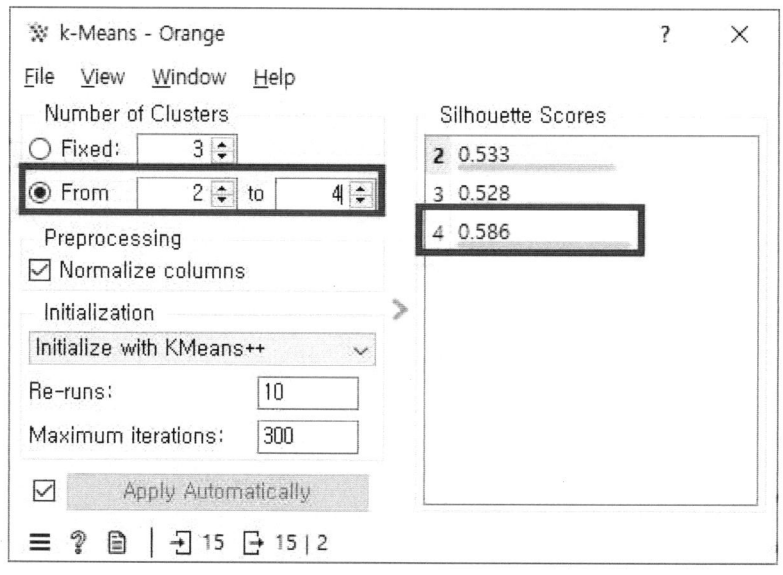

Chapter 5. 군집화(Clustering): 데이터 내 숨겨진 패턴 발견하기

k-Means 위젯은 클러스터링 알고리즘을 데이터에 적용하고, 클러스터 레이블이 메타 속성으로 추가된 새로운 데이터 세트를 출력하게 된다. 이를 위해 클러스터의 수를 지정해야 하는데, 자동으로 지정할 수 있고, Silhouette score(동일한 클러스터의 요소에 대한 평균 거리와 다른 클러스터의 요소에 대한 평균 거리를 대조한 값)를 이용해 지정한다. 그림에서는 Silhouette score가 가장 높은게 4이므로, 2부터 4까지의 클러스터 수를 지정한다.

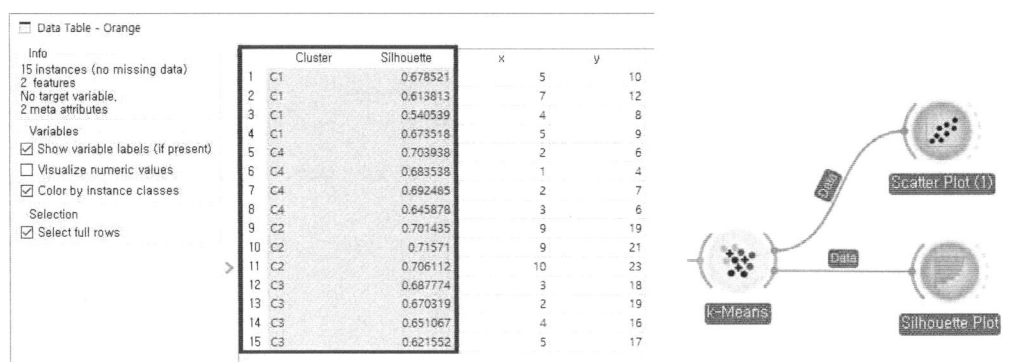

클러스터링을 했다면, 위의 표처럼 Cluster와 Silhouette라는 새로운 데이터가 생길 것이다. 클러스터링을 마친 다음 시각적인 방법으로 데이터를 확인할 것이다. 위 그림과 같이 k-Means를 Scatter Plot과 Silhouette Plot 위젯에 연결한다.

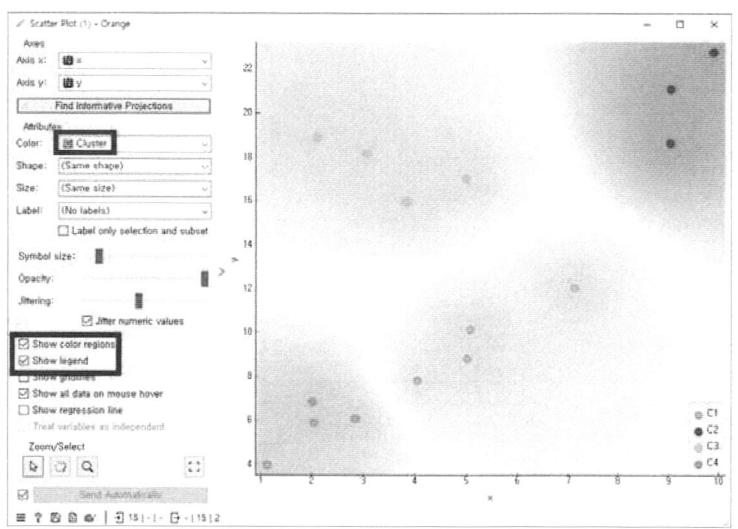

먼저 Scattering Plot으로 볼 때, Color를 Cluster로 지정하고, color region과 legend를 볼 수 있도록 설정한다. 그 결과 각 클러스터 별로 다른 색을 가지고 구역이 잘 분리가 되는 것을 확인할 수 있다.

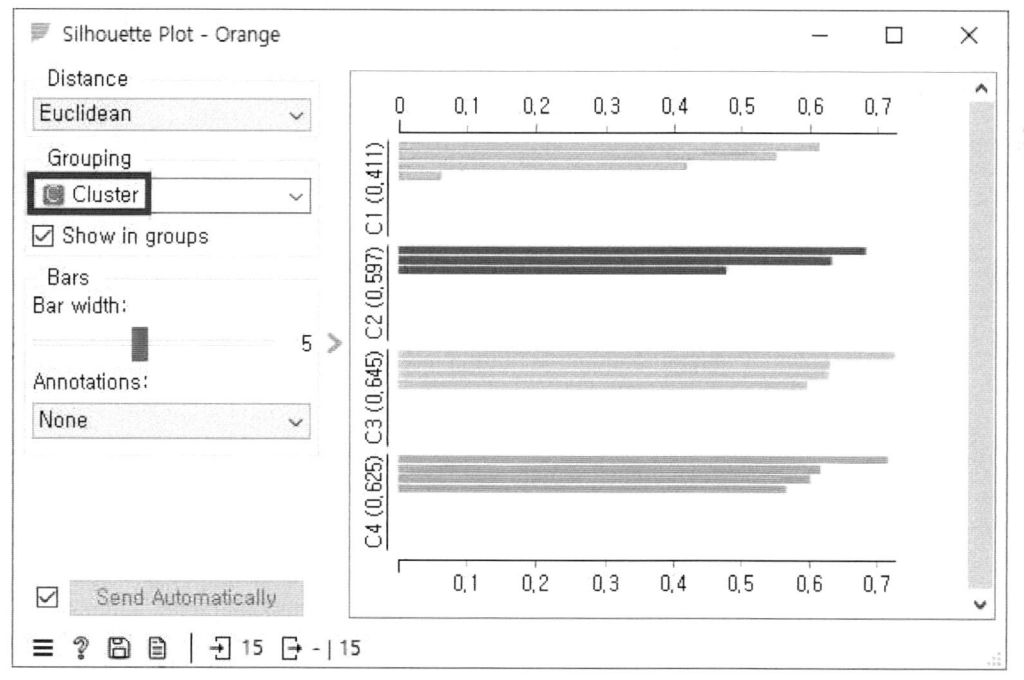

Silhouette Plot 위젯은 데이터 클러스터링의 일관성과 품질을 시각적으로 보여주는 방법이다. 실루엣 값은 개체가 다른 클러스터와 비교하여 자체 클러스터와 얼마나 유사한지를 측정한 값이며, 실루엣 점수가 1에 가까울수록 자체 클러스터와 잘 일치하고, 0에 가까울수록 잘 일치하지 않는다. 대부분의 개체가 높은 값을 가질 때, 클러스터링이 잘 되었다고 볼 수 있다.

Silhouette Plot으로 볼 때, Grouping을 Cluster로 지정한 다음 관찰해야 한다. 결과를 보았을 때 클러스터링이 잘 되었다, 즉 군집들 사이에 분리가 잘 되었다는 것을 볼 수 있다.

2. K-means 군집화(clustering)란?

means 군집화는 클러스터의 개수를 미리 정하여 반복적으로 클러스터의 평균을 업데이트하며 가장 가까운 점들을 군집화하는 방법으로, clustering의 가장 기본이 되는 기법이다.

K-means 군집화가 무엇이고, 이 알고리즘의 장단점이 무엇인지 알아보자.

• **K-means 군집화 알고리즘**

우선, 다음과 같은 예시가 있다고 하자. 우리는 아래 그림의 점들을 적절하게 군집화하기를 원한다.

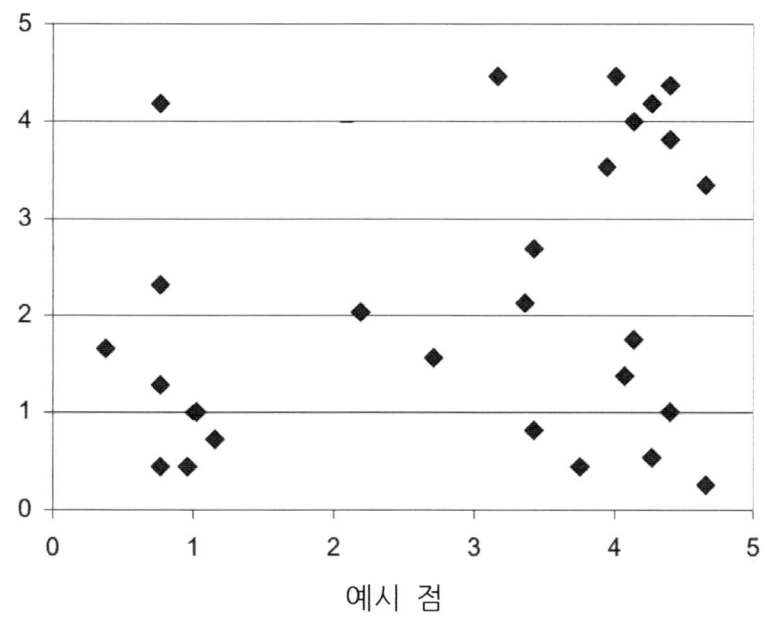

예시 점

우리가 가장 먼저 해야할 일은 몇 개의 덩어리(k)로 clustering을 할 것인지 결정하는 것이다. 이 개수는 자신이 원하는 수로 아무거나 정하면 된다. 예를 들어 3개의 덩어리로 군집화 해보자.

먼저, 정한 개수만큼 중심점을 정한다.

다음으로, 위에서 정한 개수만큼 자신이 원하는 아무 값으로 중심점을 정한다. 예시에서 3개의 중심점을 아무렇게나 정하면 다음과 같다. 우리는 이 중심점을 centroid라고 부른다.

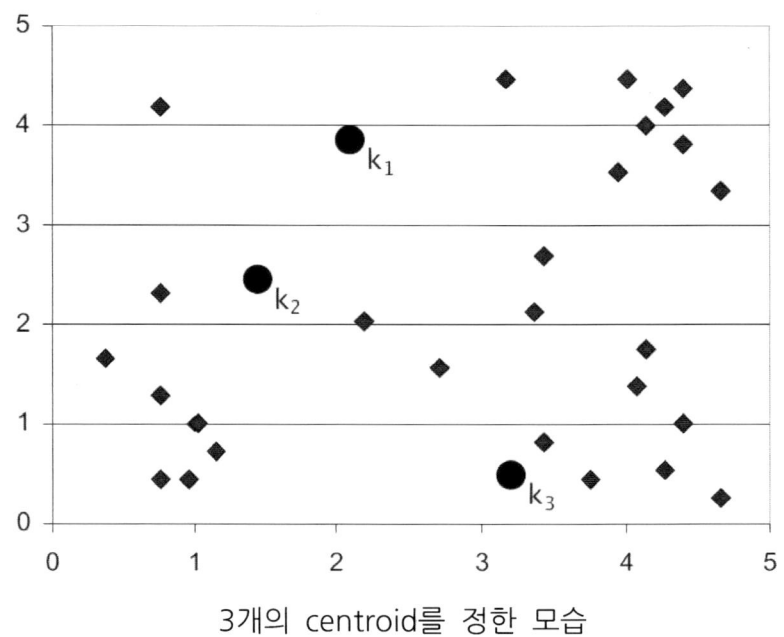

3개의 centroid를 정한 모습

그 다음으로, 각 점마다 가장 가까운 centroid를 정한다. 이제 각 점(sample)에 대해서 가장 가까운 centroid를 정한다. 예시에서 각 점마다 가장 가까운 centroid를 매핑하면 다음 그림과 같다. k1에 매핑된 것이 연두색, k2에 매핑된 것이 빨간색, k3에 매핑된 것이 파란색이다.

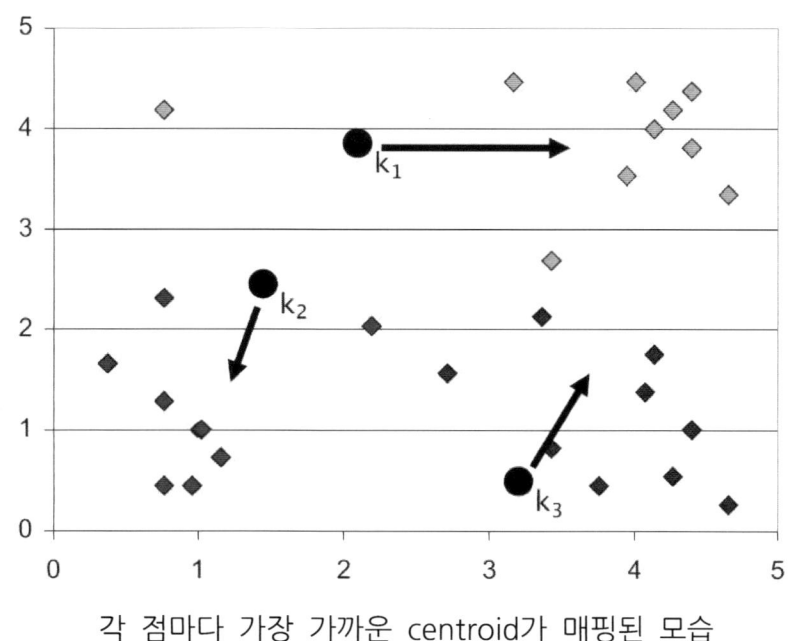

각 점마다 가장 가까운 centroid가 매핑된 모습

그 다음으로 Centroid를 이동한다. 이제 각 매핑된 점들을 바탕으로 하여 centroid를 이동한다. 이때, 새로 만들어지는 centroid는 같은 색으로 매핑된 점들의 평균이 된다. 그러므로 3개의 평균이 더 생기게 되는 것이다. 이렇게 k개의 평균(mean)을 바탕으로 하여 군집화를 진행하기 때문에 K-means 군집화(clustering)이라는 이름이 붙은 것이다. 예시에서 centroid를 이동하면 다음과 같다.

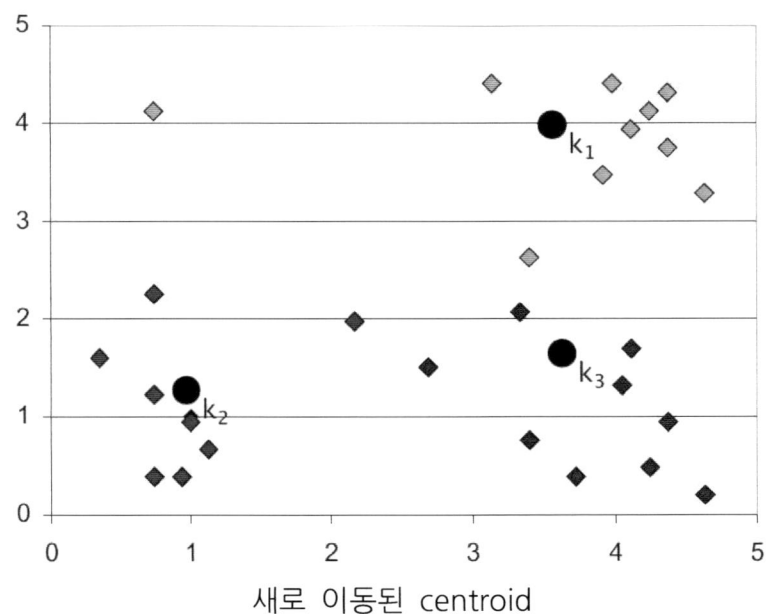

새로 이동된 centroid

위의 과정을 더 이상 새로 매핑되지 않을 때까지 반복한다. 즉, 새로 이동된 centroid에 대해서 각 점들이 가장 가까운 centroid를 찾는 것이다.

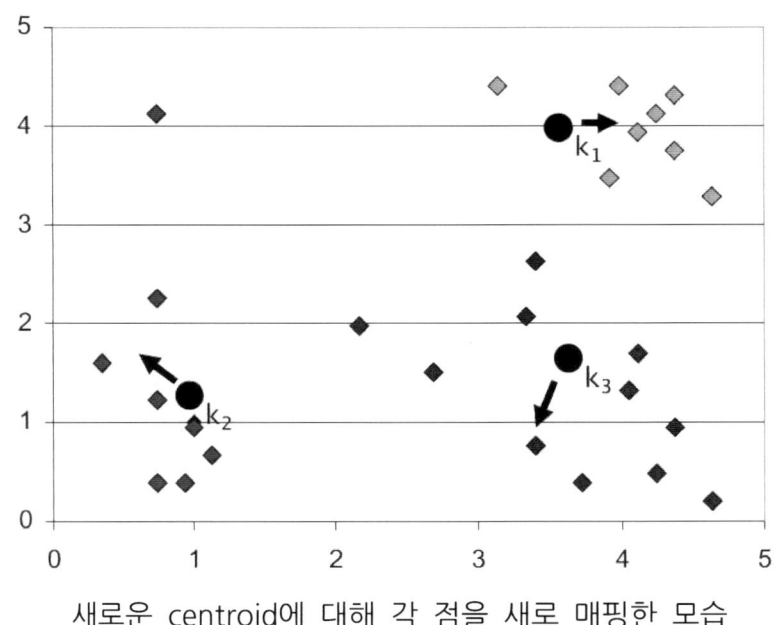

새로운 centroid에 대해 각 점을 새로 매핑한 모습

그 후 새로 매핑된 점들을 바탕으로 다시 centroid를 이동한다.

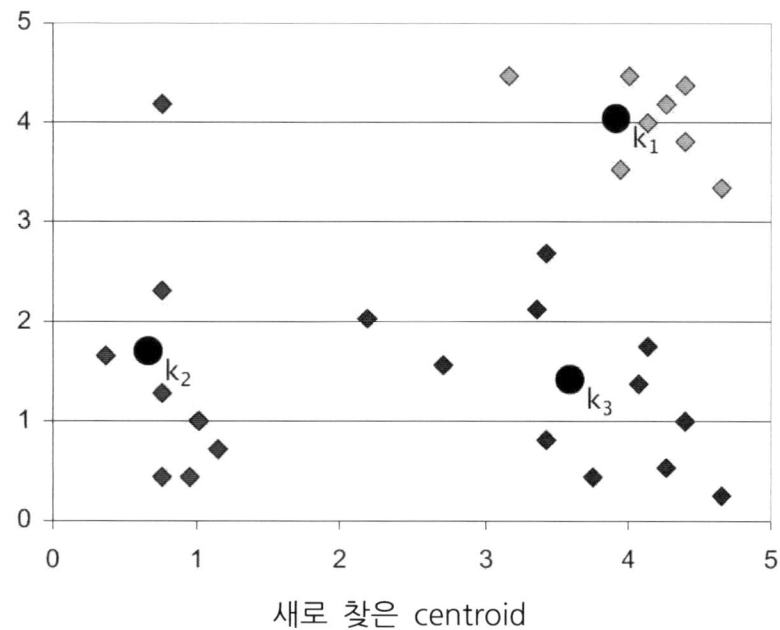

새로 찾은 centroid

위의 과정을 더 이상의 이동이 없을 때까지 반복한다. 이렇게 더 이상의 이동이 없어지면, 군집화가 완료되고 3개의 cluster가 생성된다.

- **K-means 군집화(clustering)의 장단점**

  < 장점 >
  - 쉽고 빠르게 연산이 가능하다.
  - local minimum으로 수렴한다.
  - 대용량 데이터에도 활용 가능하다.

  < 단점 >
  - k 값을 임의로 정해야 하고, 처음의 centroid도 임의로 정해야 한다. 또한 처음의 centroid를 어떻게 정하느냐에 따라 cluster 결과가 민감하게 변한다.

- Outlier에 민감하다. 몇 개의 점이 굉장히 멀리 떨어져 있다면 이에 맞춰 centroid를 정하기 때문이다.
- feature 개수가 많을 경우 군집화 정확도가 떨어진다.
- 반복 횟수가 많을 경우 수행 시간이 오래 걸린다.
- 몇 개의 군집을 선택해야 할지 정하기가 어렵다.
- 이상치(outlier) 데이터에 취약하다.

3. Data Sampler

Data Sampler 위젯은 모델링을 하기 위해 테스트용으로 사용할 데이터를 추출하는 위젯입니다. Data Sampler 위젯의 메뉴 또는 기능은 아래 그림과 같다.

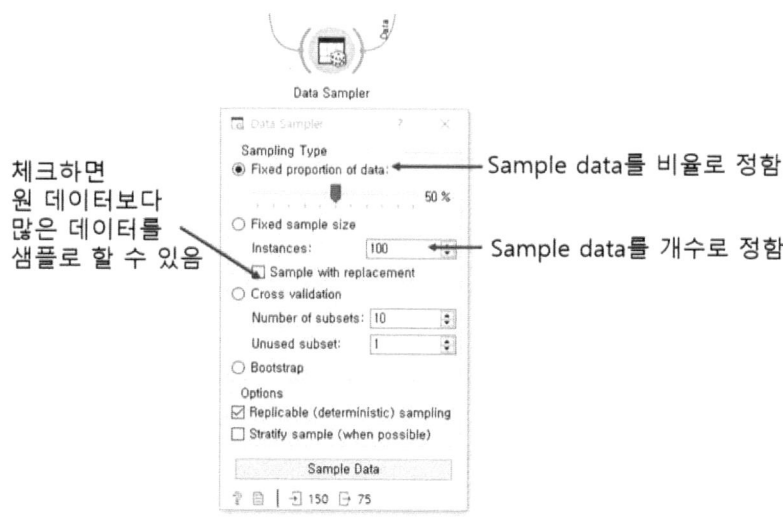

위와 같이 샘플링한 데이터를 Tree 모델을 사용하여 평가를 해보자. 이를 위해 아래 그림과 같이 위젯들을 연결한다.

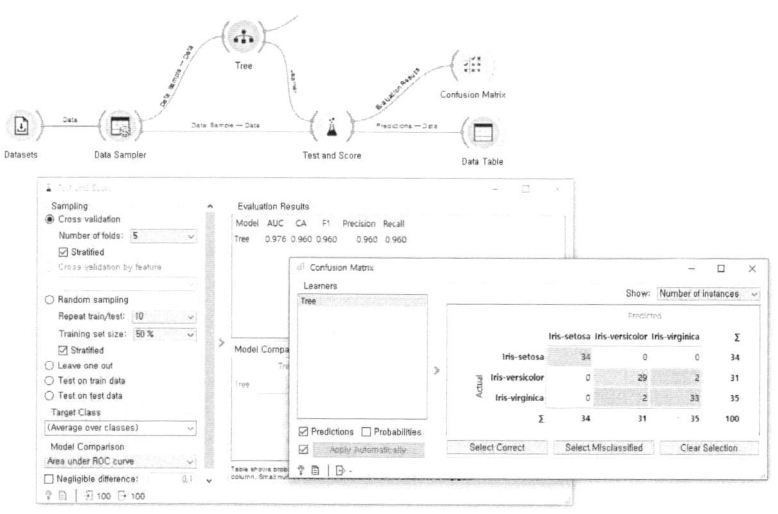

샘플링하고 남은 데이터는 테스트용으로 활용할 수도 있다.

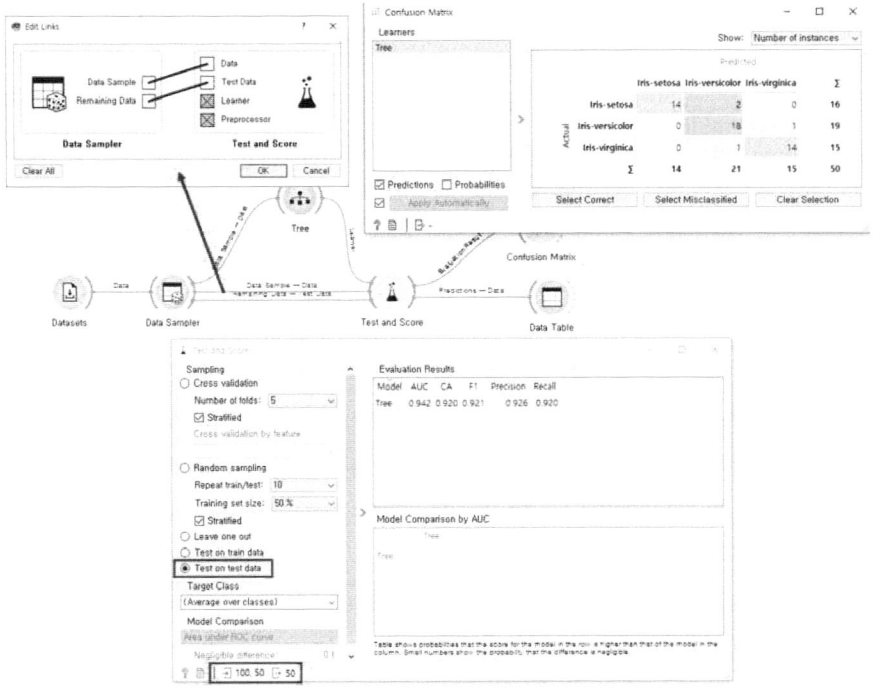

Chapter 06 이미지 분석

1. 이미지 분석을 통한 동식물 분류

계	특징
동물계	- 핵이 있다. (핵막이 있다) - 다세포 생물이다. - 스스로 양분을 만들지 못한다.
식물계	- 핵이 있다. (핵막이 있다) - 세포벽을 갖는 다세포 생물이다. - 광합성을 통해 스스로 양분을 만든다.
균계	- 핵이 있다. (핵막이 있다) - 스스로 양분을 만들지 못한다. - 세포벽을 가지며, 생태계에서 주로 분해자의 역할을 한다.
원핵생물계	- 핵막이 없고, 세포 내 핵 구조가 없다. - 유전 물질이 세포질 내에 존재한다.
원생생물계	- 핵이 있다. (핵막이 있다) - 대부분 단세포 생물이다.

생물의 분류는 어떻게 이뤄질까? 생물을 분류하는 것은 생물학의 한 분야인 분류학(계통학)에서 이뤄진다. 분류학에서는 가장 크게는 계(界, Domain), 그리고 점차 낮은 수준으로는 문(門, Phylum-동물, Division-식물), 강(綱, Class), 목(目, Order), 과(科, Family), 속(屬, Genus), 종(種, Species)으로 생물을 분류한다. 가장 상위 범주인 계는 R. Whittaker가 제시한 5계 생물 분류가 가장 일반적으로 사용되고 있다. 5계 생물 분류는 모든 생물을 동물계, 식물계, 균계, 원핵생물계, 원생생물계로 나누며 위 표와 같은 기준에 따라 분류한다.

   모든 생물은 5계에 따라 우선적으로 나눠진 뒤 형태학적, 유전학적, 발생학적 근거에 따라 하위 범주로 분류된다. 이번 장에서는 형태학적 근거를 Orange를 통해 도출해보고자 한다. 위 그림은 국립생태원에서 제공하는 수달과 해달의 사진이다. 수달과 해달을 보고 바로 무엇이 수달인지 확인할 수 있는가? 수달과 해달의 특징을 알고 있다면 쉽게 분류할 수 있지만, 그를 알지 못한다면 분류하기 매우 어려울 것이다. 수달과 해달은 서식지와 같은 환경적 특징의 차이도 있지만, 가장 큰 것은 형태학적 특징의 차이이다. 이러한 형태학적 특징을 이용해 Orange의 이미지 분석(image analysis)을 통한 생물 분류를 해보자.

위젯	설명
Import Images	이미지 파일(또는 폴더)을 불러올 수 있는 위젯.
Image Viewer	Import Images를 통해 불러온 이미지를 볼 수 있는 위젯.
Image Embedding	이미지를 수로 이뤄진 데이터로 변환할 수 있는 위젯. Inception v3, SqueezeNet, VGG-16, VGG-19, Paiters, DeepLoc, openface와 같은 모델을 선택할 수 있다.
Data Table	표로 이뤄진 데이터를 확인할 수 있는 위젯.
Distances	데이터 사이의 거리를 측정할 수 있는 위젯.
Hierarchical Clustering	집합 알고리즘(clustering algorithm)에 따라 데이터를 분류하여 가시화하는 위젯.

이번에 사용할 위젯은 6개이다. 앞에서 다뤘던 데이터는 모두 수로 이뤄진 데이터였기에 'File' 위젯 또는 'CSV File Import'를 사용했었다. 이번에는 이미지를 이용하기에 'Import Images' 위젯을 사용한다. Import Images를 클릭하면 아래와 같은 창이 나온다. 여기서 파일 불러오기를 통해 이미지 파일을 불러올 수 있다. 그리고 Info를 통해 몇 개의

이미지가 불러와졌는지 확인할 수 있다. 'Image Viewer'는 Image Import를 통해 불러온 이미지를 볼 수 있는 위젯이다. (Data Table의 이미지 버전 위젯이라 생각하면 된다)

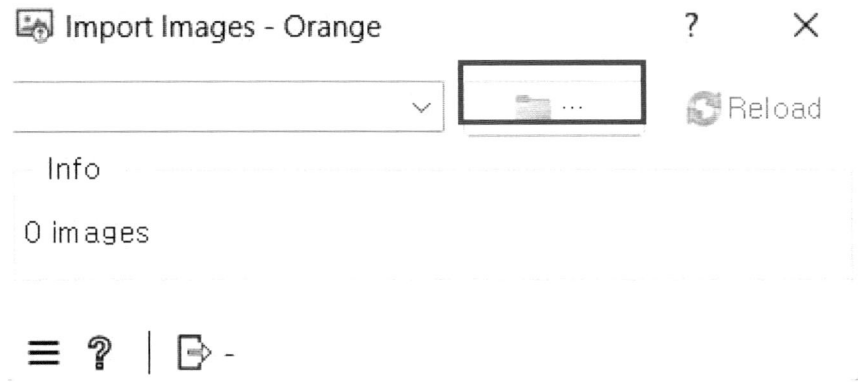

'Image Embedding'은 이미지 데이터를 수 데이터로 변환하는 위젯이다. Orange에는 변환 방식에 따른 모델 6개가 존재한다. Painters와 DeepLoc은 그림을 분석하기 위한 도구임으로 여기선 다루지 않겠다. 그 외의 4개의 모델은 각 회사의 데이터를 이용해 이미지의 색을 계층화하여 벡터화하는 모델이다. 차이점은 색채를 몇 개의 계층으로 나누는지와 각 회사에서 학습시킨 데이터의 양이다. 우리가 적용할 때는 각 모델을 돌려보고 가장 잘 분류하는 모델을 선택하는 것이 현명하다.

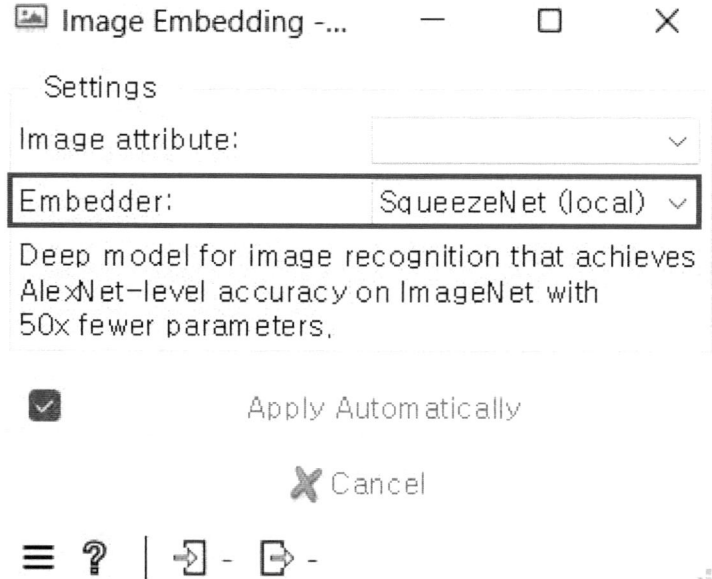

'Distances'는 수치화한 이미지 데이터의 간격을 계산해주는 위젯이다. Distances를 이용하면 이미지 색채 데이터 간의 떨어진 정도를 계산할 수 있기에 이미지의 특징 정보를 수치적으로 추출할 수 있다. 'Hierarchical Clustering'은 Distances를 이용해 간격을 계산한 데이터들 중 그 수치들이 유사한 이미지들을 그룹화해주는 위젯이다. 그룹화된 이미지들은 Image Viewer를 이용해 확인할 수 있다. 이제 이 위젯들의 실제 사용 방법을 살펴보자.

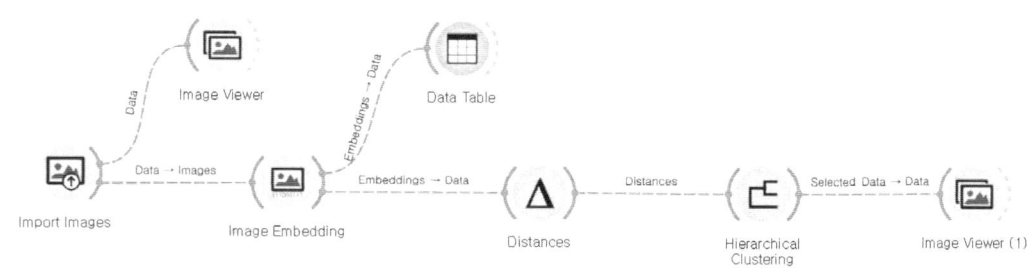

이미지 분석의 기본적인 코딩은 위와 같다. 본 장에서 이미지 분석은 모두 위와 같이 진행하고자 한다. 이제 분석할 이미지를 넣어부자. 자료

실에 있는 animal_images 파일을 내려받고 Import Images와 연결해보자. 그리고 이를 임베딩할 것인데, InceptionV3를 이용해서 진행해보자. 이미지의 수가 많으면 임베딩 시간이 오래 걸리므로 당황하지 말고 기다려주자. 이미지의 수가 많으면 학습 데이터가 많으므로 신뢰도는 올라가지만 분석 시간이 오래 걸린다는 단점이 있다. 수업 시간에 적용한다면 적당한 양의 데이터를 가져오는 것도 중요하다.

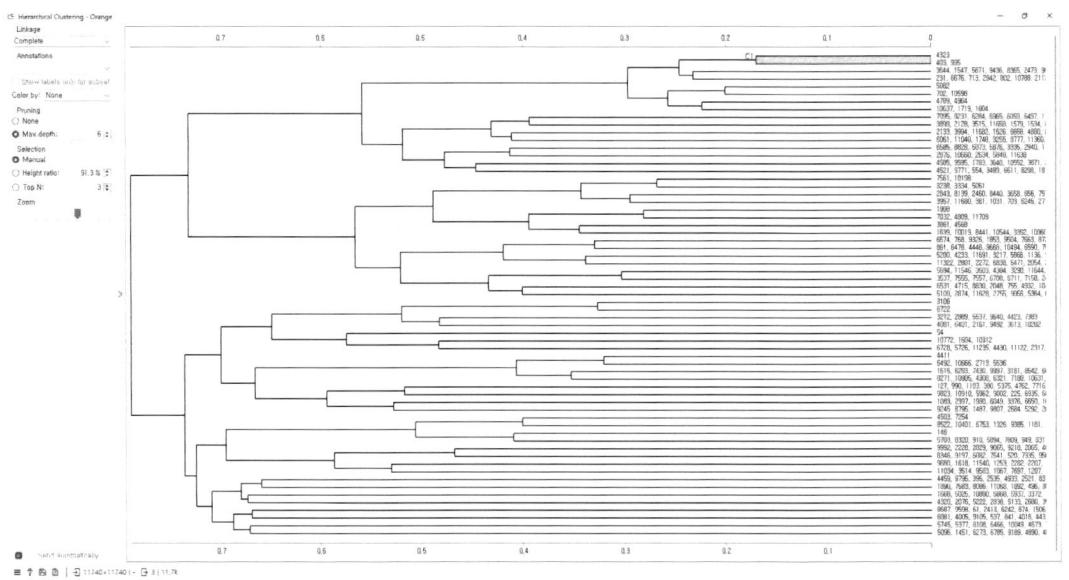

이를 Distances에 연결하여 임베딩 데이터를 다시 계산하고 난 뒤 Hierarchical Clustering에 연결하면 위와 같은 결과를 얻을 수 있다. 여기서 왼쪽 Pruning의 Max Depth를 조절하면 분류 층의 개수를 설정할 수 있다. Max Depth 값이 커질수록 더 세밀한 차이를 고려하여 분류할 수 있고, Max Depth 값이 작아질수록 넓은 범주에서 이미지를 분류할 수 있다.

Hierarchical Clustering과 연결한 Image Viewer를 같이 창을 띄운 뒤, Hierarchical Clustering에서 범주를 선택하면 바로 선택된 이미지가 나오는 것을 확인할 수 있다. 이제 분석된 결과를 봐보자.

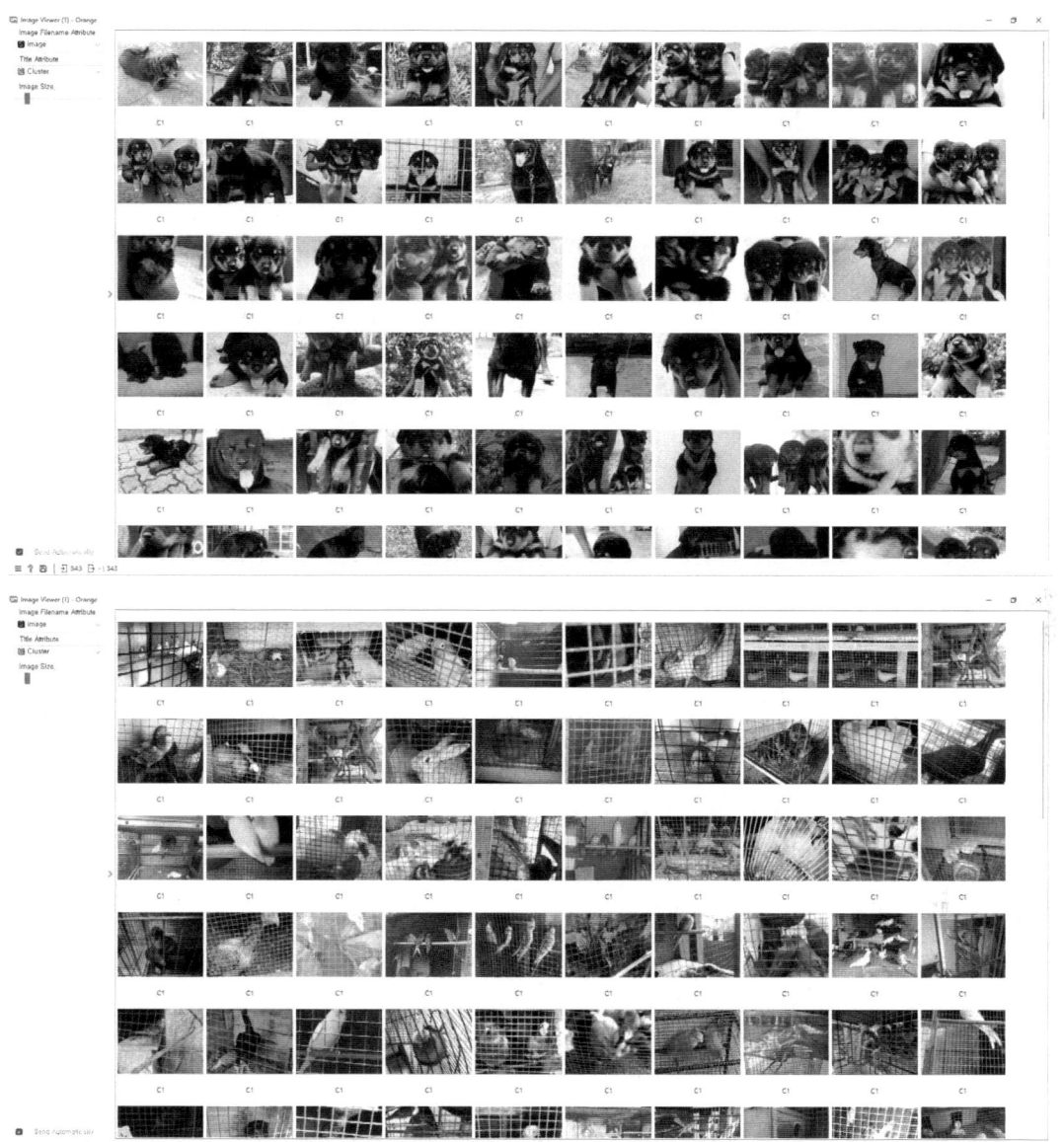

　먼저 가장 상위 범주 분류는 수중 생물과 육상 생물을 구분한 것을 확인할 수 있다. 그런데 중간 중간 확인하면 수중 생물을 묶어 놓은 범주에서 토끼가 보이고, 육상 생물을 분류한 범주에서 금붕어가 보이는 것을 확인할 수 있다. 그 이유는 무엇일까? 분석 방법을 다시 생각해보자. 우리는 분석을 하기 위해 임베딩 과정을 거쳤는데, 이때 임베딩 과정은 색채를 수치화하는 것이었다. 즉, 색채를 기준으로 이미지를 분류하였기에 유사한 색채가 많이 모여있다면 비슷한 사진으로 분류한다는 것이다. 그 예로 위의 그림을 보자. 그림 속 분류 집합에서는 검은 개들만 잘 모여있는 것을 확인할 수 있다. 하지만 그 다음 분류된 그림들은 어떤가? 그림 속에는 토끼, 강아지, 쥐, 새 등 다른 생김새의 다양한 동물들이 모여있다. 그리고 배경이 '케이지' 안이라는 특징이 있다. 이처럼 배경의 색을 영향을 받는다는 것을 알 수 있다.

그렇다면 이러한 문제점은 어떻게 보완할 수 있을까? 하나의 방안은 배경색이 유사한 사진을 사용하는 것이다. 예를 들어 봄날의 꽃의 경우 푸른 초원 속의 배경이라는 특징을 공유하기에 배경색은 분류 기준에서 큰 영향을 끼치지 못할 것이다. 배경색이 모두 유사하다면 오히려 꽃의 색이 더 강조되기에 분류 기준은 꽃의 색이 될 것이다. 그리고 또 다른 방법은 배경을 제거하는 것이다. 적은 양의 이미지라면 원치 않는 배경을 모두 삭제하고 이미지를 분석하는 것도 좋은 방법이 될 것이다. 이처럼 분류 과정에 있어서도 Orange를 사용할 수 있고, 이를 이용해 데이터 과학을 적용한 생명과학도 할 수 있다.

2. Image 분류하기 : 꽃으로 살펴보기

이미지를 분류하는 다른 임베딩 모델인 Squeeze Net을 사용해보자. Squeeze Net은 ImageNet에서 제작한 이미지 인식 AI 모델인 'Small and fast' 모델이다. 이 모델은 DNN(Deep Neural Network) 방식을 이용하여 학습시킨 모델이다. DNN이란 은닉층(입력 데이터와 출력 데이터 사이의 훈련 데이터)의 수가 2개 이상인 학습 방식이다. 이 모델에 적용된 DNN은 훈련 데이터 사이의 노드를 최소화시키고, 적은 메모리를 사용한다는 이점이 있다. 따라서 SqueezeNet을 이용하면 메모리를 적게 사용하면서 이미지 분석을 할 수 있다는 장점이 있다.

Import Images에 Flowers 파일을 넣고, Image Embedding의 Embedder를 SqueezeNet으로 설정하여 학습시키자.

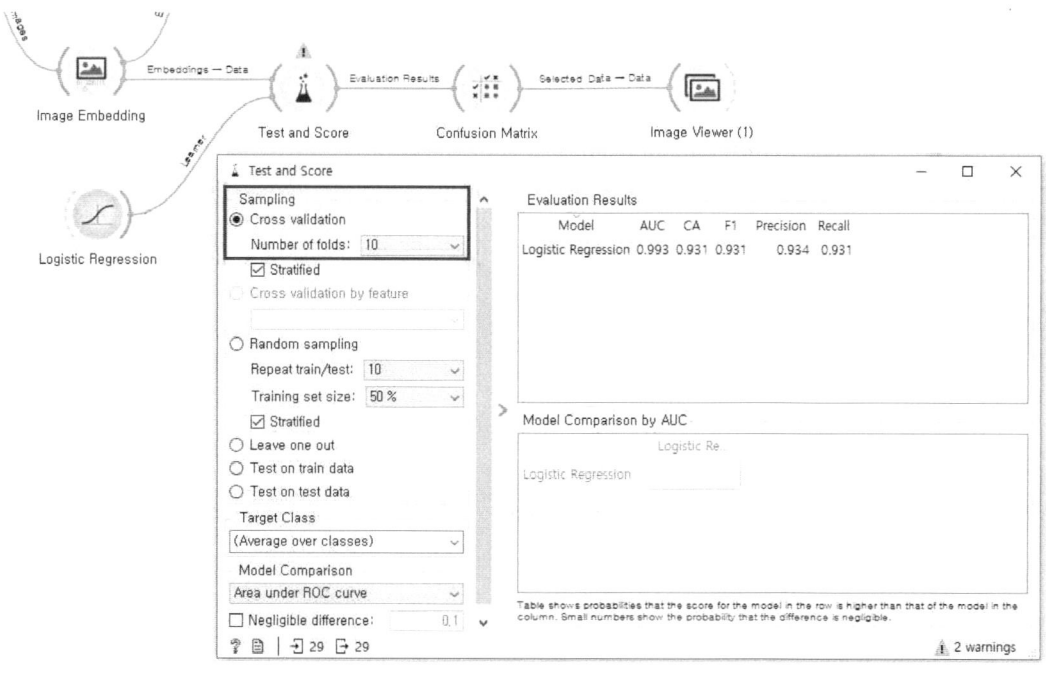

이때 Test and Score에 우리가 사용할 예측 모델인 Logistic Regression을 연결해주자. Test and Score에서 모델의 적합성을 보면 AUC가 0.993인 것을 확인할 수 있다. 따라서 Logistic Regression 모델을 사용하여 이미지를 분류한 데이터를 Confusion Matrix로 확인해보자.

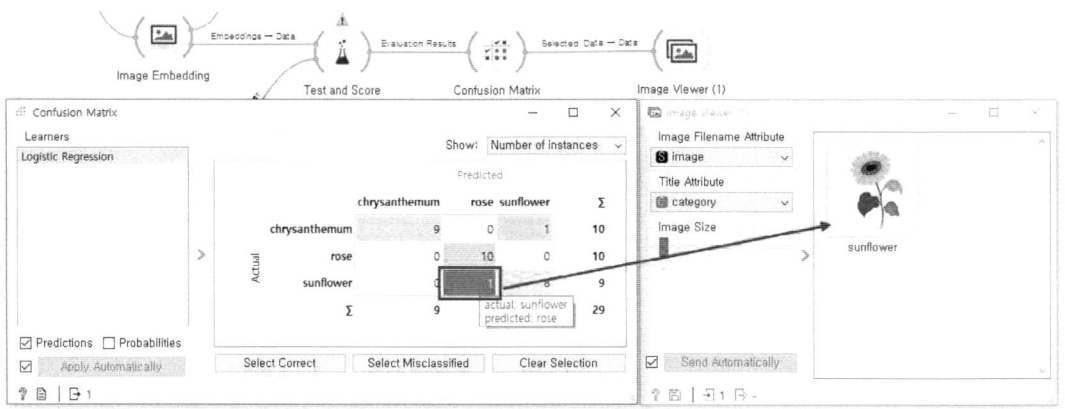

Confusion Matrix와 이 위젯에 연결한 Image Viewer를 같이 열면 분류된 이미지들을 같이 볼 수 있다. 이때 Confusion Matrix의 가로축과 세로축을 확인해보자. 가로축(Predicted)은 모델의 분류에 의한 결과이고, 세로축(Actual)은 우리의 파일 분류에 따른 이미지 분류이다. 따라서 모델이 정확히 분류한 이미지들은 Confusion Matrix에서 주대각선에 위치하고, 주대각선이 아닌 다른 곳에 위치한 이미지들은 잘못 분류된 이미지라고 판단할 수 있다. 이러한 이미지들은 무엇인지 봐보자.

　모델의 예측은 해바라기(sunflower), 실제로는 국화(chrysanthemum)인 집합을 봐보면 위 그림과 같이 노란색이 대부분인 국화 이미지를 해바라기고 분류한 것을 확인할 수 있다.

3. Hierarchical Clustering(계층적 군집화)

계층적 군집화(hierachical clustering)는 여러 개의 군집 중에서 가장 유사도가 높은 혹은 거리가 가까운 군집 두 개를 선택하여 하나로 합치면서 군집 개수를 줄여가는 방법을 말한다. 가장 처음에는 모든 군집이 하나의 데이터만을 가진다. 따라서 최초에는 데이터 개수만큼 군집이 존재하지만 군집을 합치면서 최종적으로 하나의 군집만 남게 된다.

계층적 군집화를 하려면 우선 모든 군집 간에 거리를 측정해야 한다. 군집 간의 거리를 측정하는 방법에는 계층적 방법에 의존하지 않는 비계층적 방법과, 이미 이전 단계에서 계층적 방법으로 군집이 합쳐진 적이 있다는 가정을 하는 계층적 방법 두 가지가 있다. 이때 비계층적 방법의 경우, 계층적 방법에 비해 계산량이 많은 단점이 있고 Orange도 계층적 방법만 다루고 있기에 이를 한 번 살펴보자.

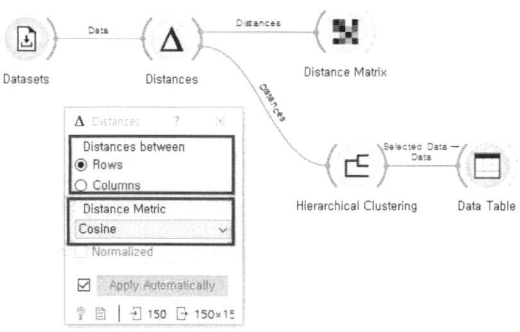

Distances 위젯에서 거리 계산 기준을 Rows로 설정하고, 거리 계산 방식을 Cosine으로 설정한다.

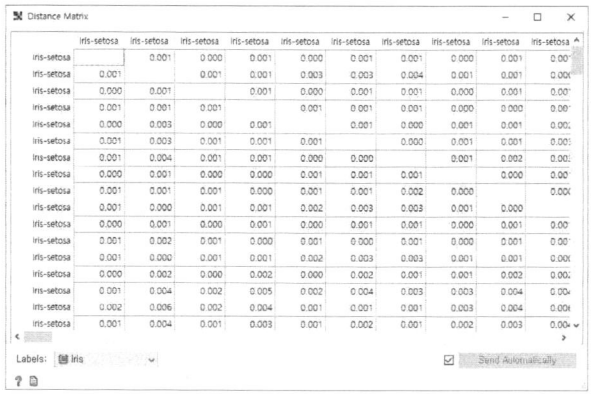

그렇게 분석된 Distance Matrix를 보면 각 이미지 간의 cosine 거리 계산 결과를 확인할 수 있다. 이렇게 거리가 같은 이미지들끼리 모은다면 다음과 같이 나타낼 수 있다.

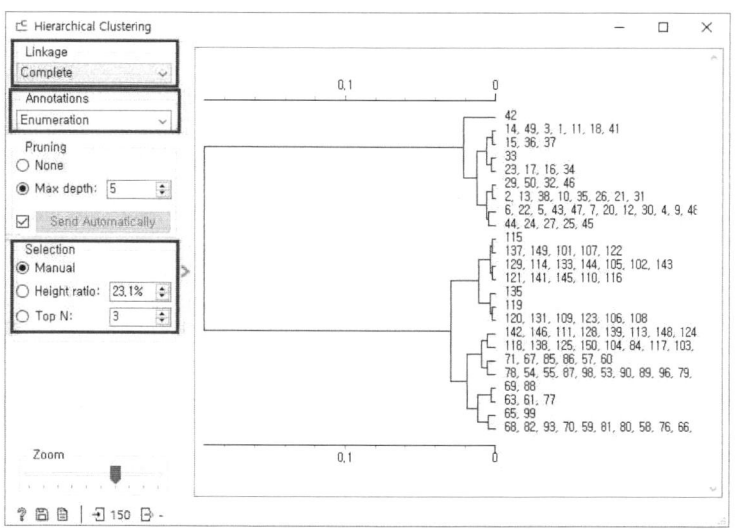

이 결과에 대한 해석을 위해 위 모식도의 구조를 한 번 알아보자.

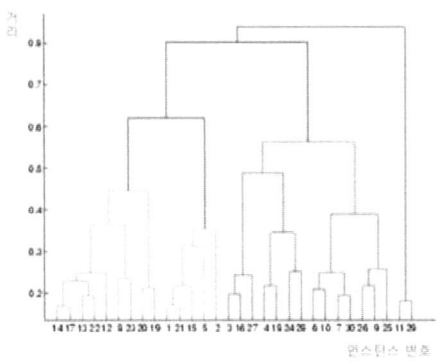

그렇다면 이 모식도가 무엇을 의미하는지 확인해보자. 이러한 모식도를 우리는 클러스터 덴드로그램이라고 한다. 클러스터 덴드로그램은 군집화를 통해 형성된 그룹과 이들의 유사성을 표시하는 트리 다이어그램이다. 유사성 수준은 수직축을 따라 측정된다.

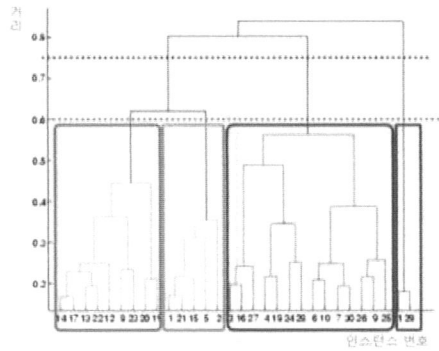

최종 그룹화에 대해 결정하는 것을 덴드로그램 커팅이라고 한다. 덴드로그램 커팅은 선을 그려 최종 그룹을 지정하는 것과 유사하다. 서로 다른 최종 그룹화의 덴드로그램을 비교하여 데이터에 가장 의미있는 최종 그룹화를 결정할 수도 있다. 예를 들어, 덴드로그램을 높게 커팅한다는 것은 상위 단계의 그룹화에서 군집을 나눠서 살펴본다는 것이고, 낮게 커팅한다는 것은 하위 단계의 그룹화에서 군집을 나눠서 살펴본다는 것이다. 만일 0.7 거리에서 커팅한다면 아래 그림을 3개의 그룹으로 볼 수 있고, 0.6 거리에서 커팅한다면 4개의 그룹으로 볼 수 있다.

4. 화가의 작품 분류해보기

이번에는 명작이라 불리는 그림을 분류해보자. 먼저 기존 방식으로 그림을 분류한다면 어떤 결과가 나올까?

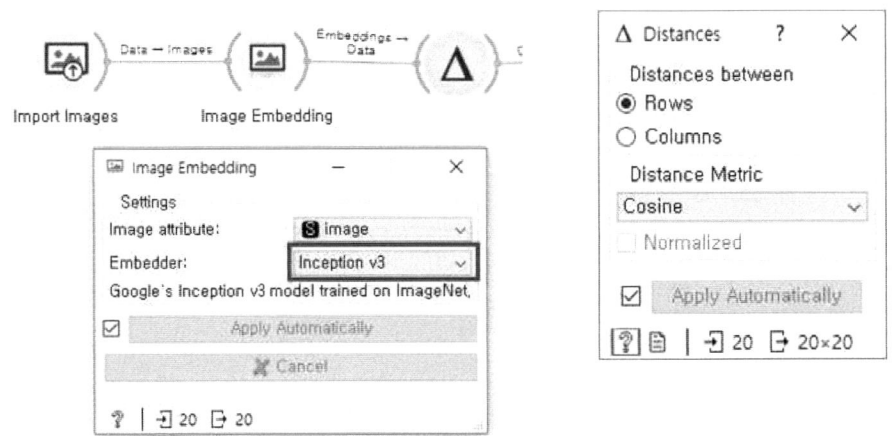

이번에는 Inception v3 임베더를 이용하여 이미지를 분석해보자. image Embedding과 Distances를 이용하여 이미지 분석을 한다면 아래와 같은 덴드로그램을 얻을 수 있다.

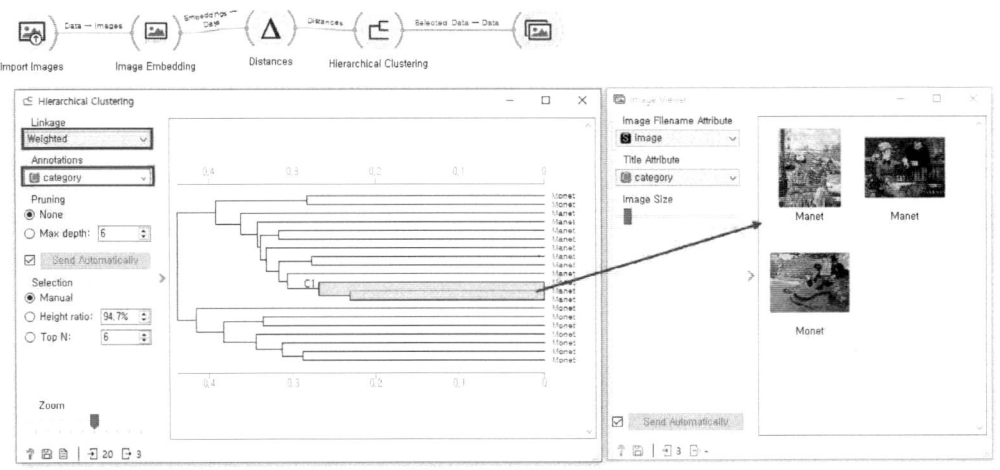

이 그룹화를 보면 알 수 있듯, 전체적인 색조가 비슷한 그림끼리 그룹을 이룬 것을 확인할 수 있다. 마네의 그림과 모네의 그림이 같은 그룹으로 묶여 있는 것이다. 그렇다면 화가에 따라 그룹을 묶기 위해선 어떻게 하면 될까?

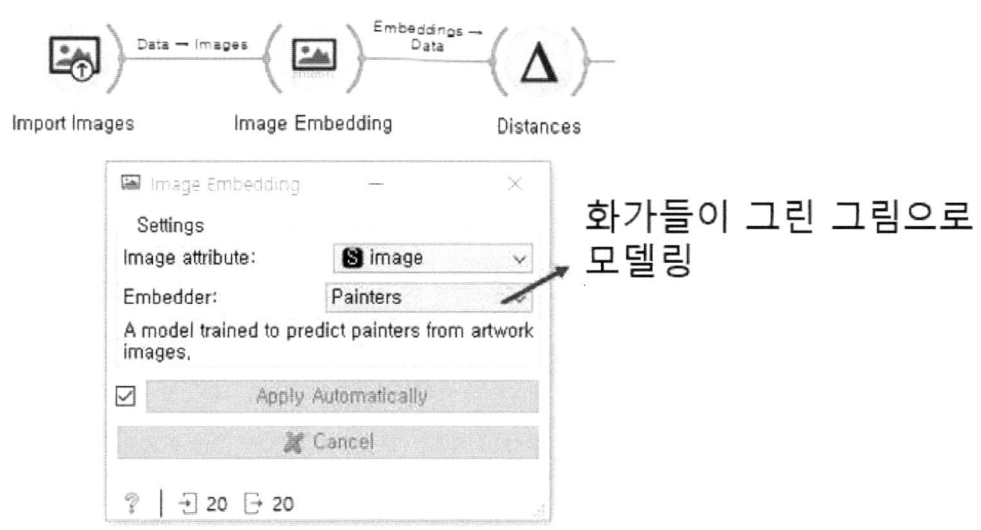

Painters라는 임베더를 이용해보자. Painters는 화가 1,584명의 79,433점의 그림을 학습한 임베더이다. 이를 이용하여 그림을 구분한다면, 기존의 임베더와는 달리 화가에 따라 이미지를 그룹화할 수 있다.

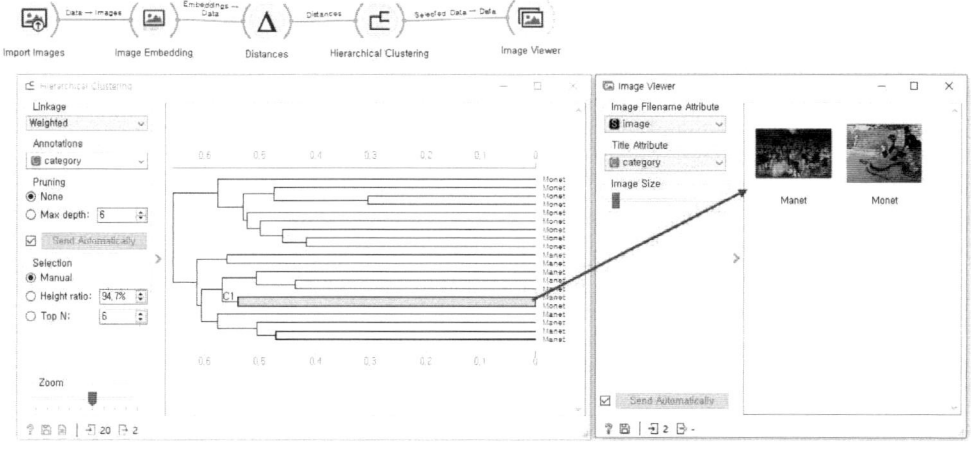

하지만 이 임베더 또한 한계는 있다. 비슷한 시기의 같은 화풍을 가진 작가의 경우 구분의 문제가 생긴다. 실제로 위 덴드로그램을 보면 알 수 있듯, 마네와 모네의 그림 중 비슷한 화풍과 색채를 가진 그림은 같은 그룹으로 묶인 것을 확인할 수 있다. 그럼에도 꽤나 높은 정확성을 보이는 것을 알 수 있는데, 이를 이용하여 가장 유사한 그림을 보여달라는 명령도 수행할 수 있다.

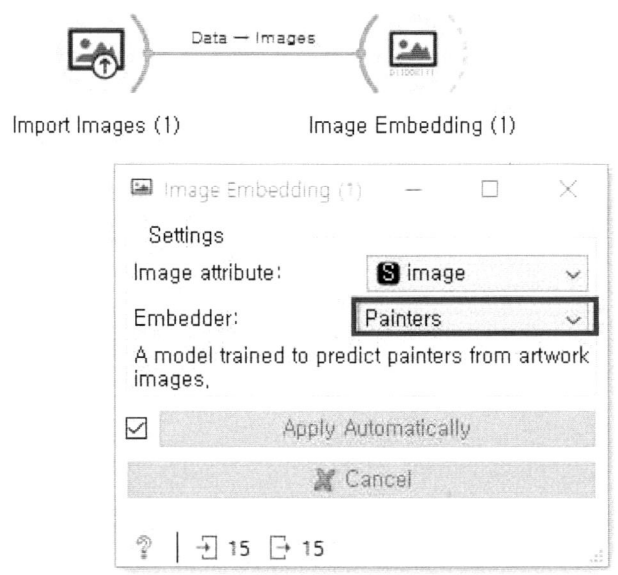

기존과 동일하게 임베더를 Painters로 설정하여 분석을 해보자.

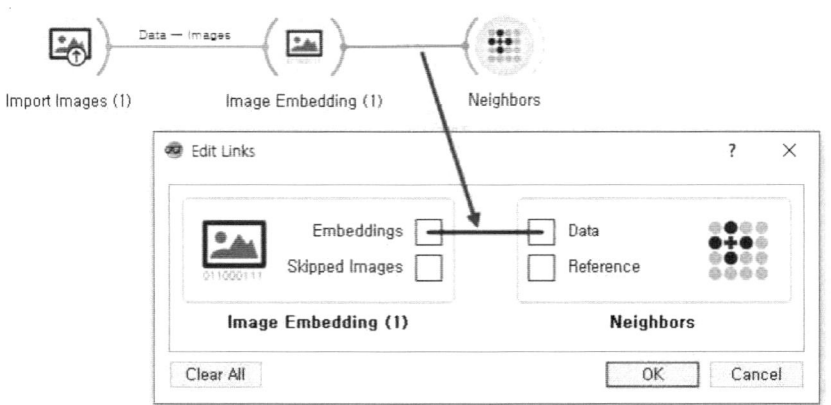

하지만 이번에는 Distances 위젯을 거치지 않고, Neighbors 위젯과 연결하여 분석해보자. 그리고 임베딩 결과를 데이터와 링크를 연결해보자.

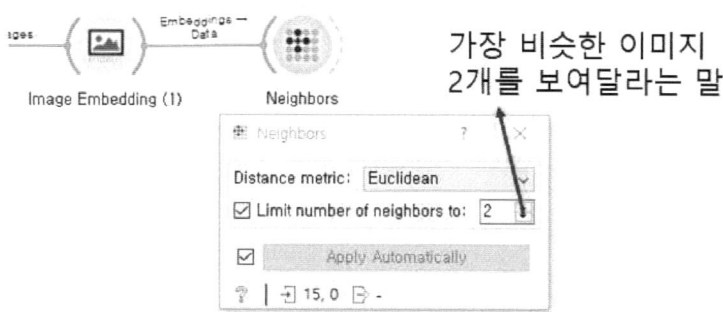

Neighbors 위젯은 말 그대로 가장 가까운 이웃, 즉 가장 비슷한 데이터를 제시해주는 위젯이다. 이 위젯에서 Limit number of neighbors to를 설정해주면 보고싶은 이미지의 개수를 정할 수 있다.

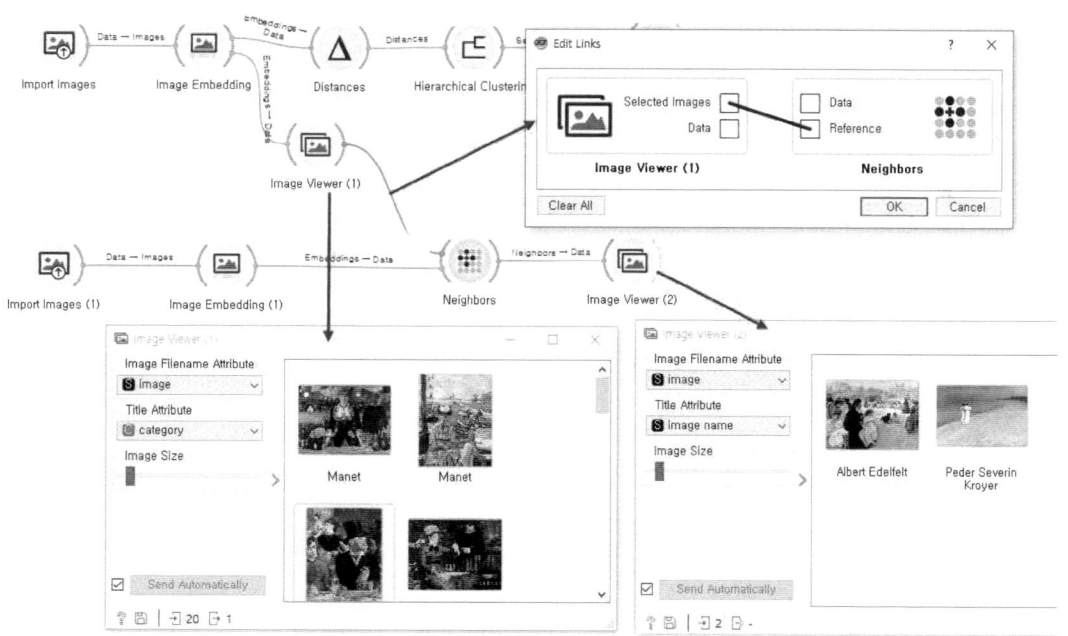

이러한 과정을 거쳐 Image Viewer(1)에서 그림을 1개 선택하면, 그와 가장 유사한 다른 화가의 그림 2개를 Image Viewer(2)에 보여준다.

5. 데이터로 꽃을 분류해보기

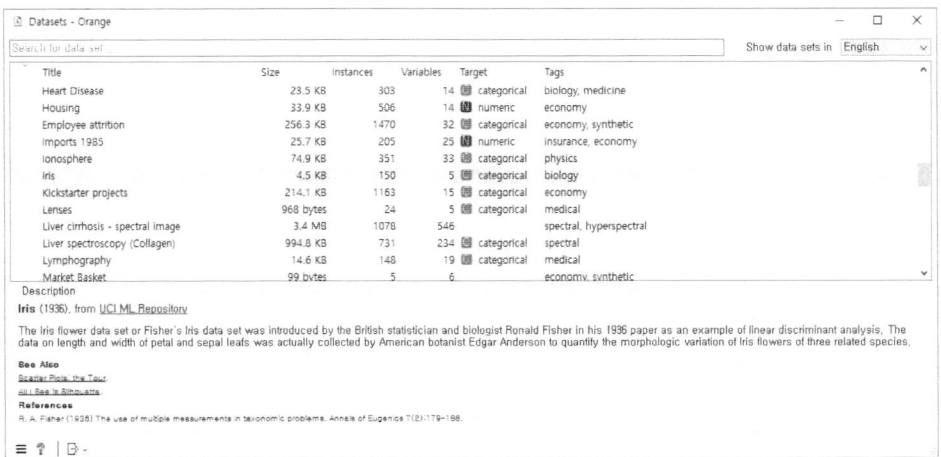

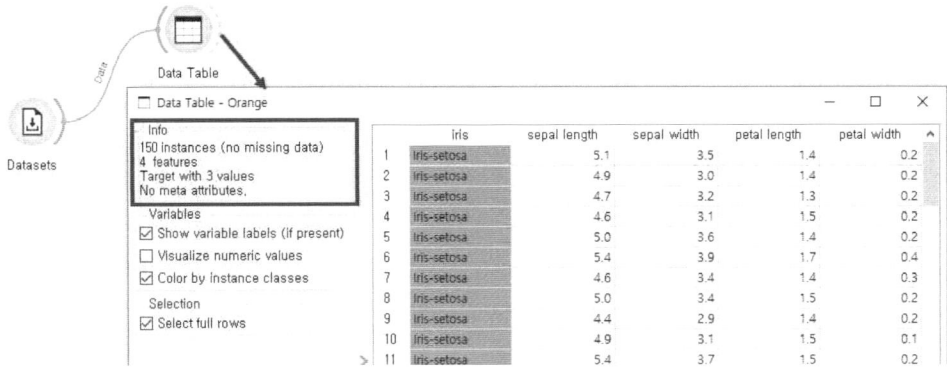

먼저 Datasets에 들어가 Iris 데이터 셋을 불러와야 한다. 데이터 셋을 불러오면, Data Table를 통해 붓꽃의 종류와 꽃받침과 꽃잎의 길이와 폭을 확인할 수 있다. 이 데이터들을 보게 되면 다양한 값들의 관계를 Scatter Plot을 활용해 비교할 수 있다.

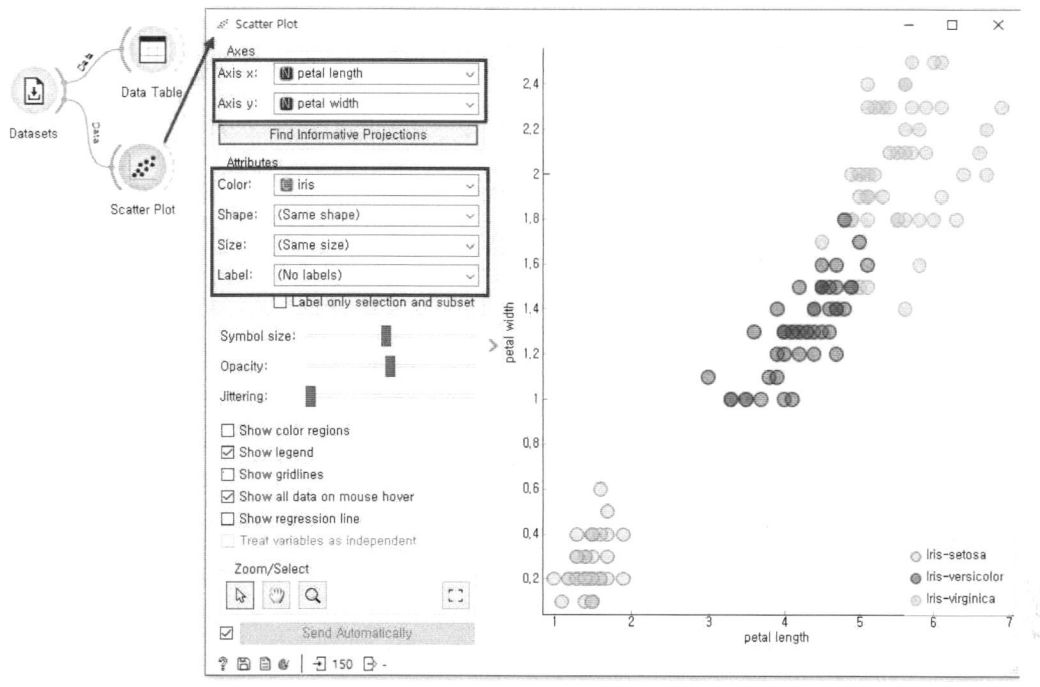

　Scatter Plot은 데이터를 x-y축 좌표평면 위에 점으로 시각화해주는 위젯이다. 여기에서 Axes는 x축과 y축을 각각 어느 데이터로 설정할지 고르는 기능이다. Attributes는 데이터를 표현한 점들을 어떻게 보이게 할지 색과 모양, 크기를 정하고, 수치 값을 보여줄지 여부를 설정할 수 있다.

　위 그림을 보게 되면 붓꽃의 종류에 따라 점의 색이 달라지고, 꽃잎의 길이와 폭의 관계를 봄으로써 붓꽃의 종류에 따라 표시되는 위치가 구분됨을 볼 수 있다.

　지금까지 Scatter Plot을 이용해 붓꽃의 종류에 따른 특징을 볼 수 있었다. 그러나 이제는 더욱 다양한 위젯들을 활용해 붓꽃 데이터들을 활용해 인공지능으로 종류를 구분하고, 특징들을 확인하는 방법을 확인하겠다.

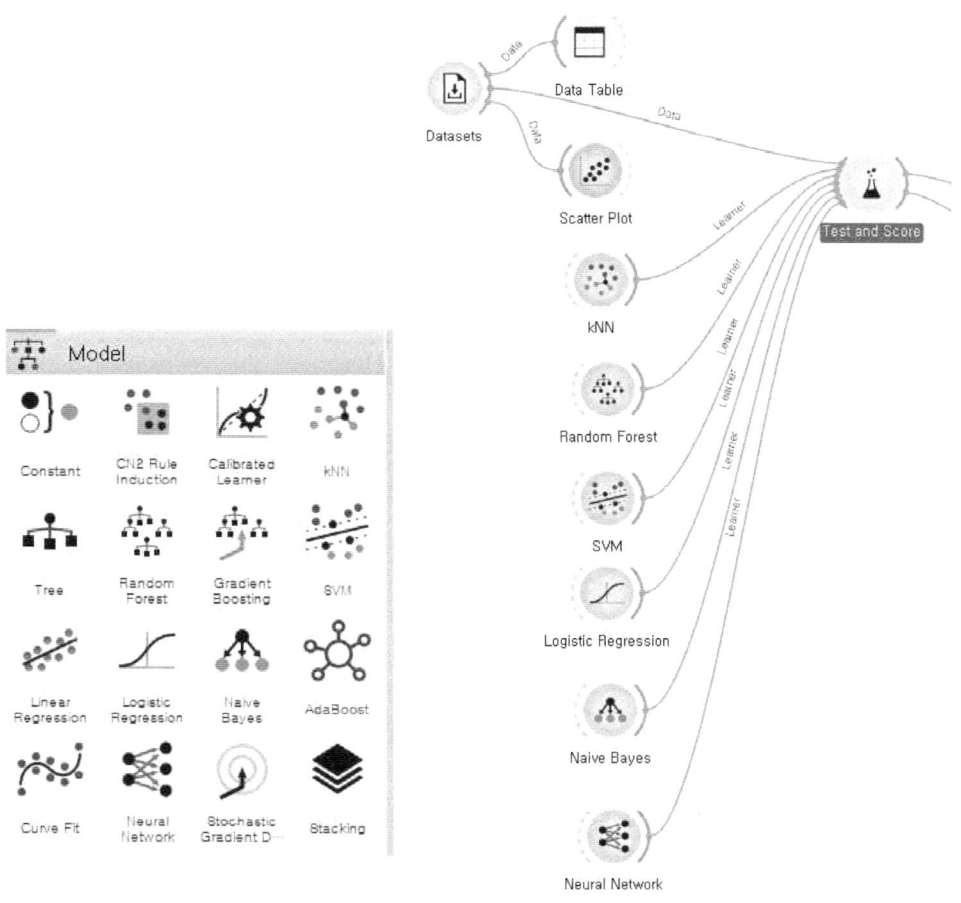

　데이터를 분석하기 위해 Model에 속해있는 위젯을 활용할 것이다. 우리는 kNN, Random Forest, SVM, Logistic Regression, Naive Bayes, Neural Network를 활용해 데이터를 확인할 것이다. 각 위젯들을 끌어온 다음 Text and Score를 불러올 것이다. Text and Score에 연결할 때, Datasets는 Data로, Model에 속해있는 위젯들은 학습 알고리즘으로서 Learner로 연결한다.

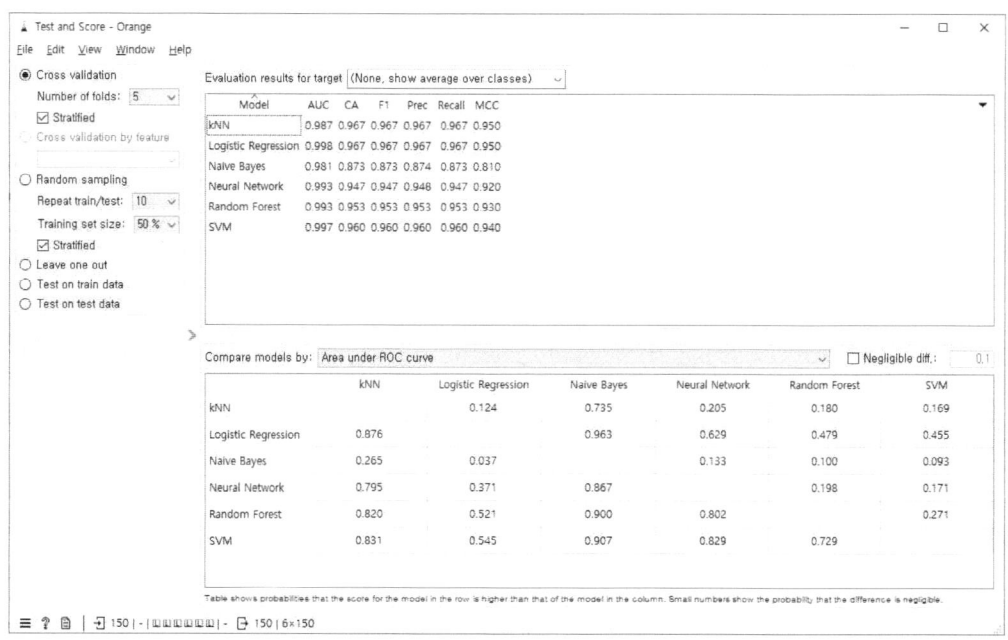

　　Test and Score는 다양한 학습 알고리즘을 불러온 데이터에 적용했을 때 얼마나 정확한지 성능을 파악하는 역할을 할 수 있다. 우리는 이 위젯을 활용했을 때, 학습 알고리즘이 얼마나 정확하게 붓꽃을 분류했는지 데이터로 확인하고 시각화된 자료로 출력할 수 있다.

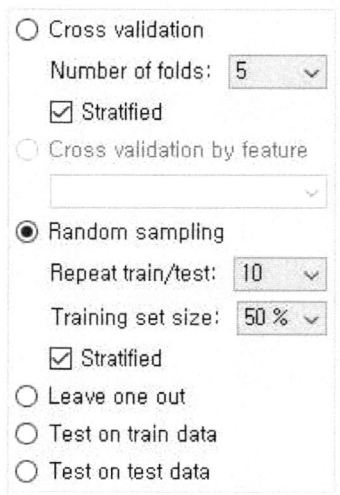

정확도를 확인하기 위해 먼저 해야 하는 것은 데이터를 샘플링하는 것이다. Cross validation(교차 검증)은 모든 데이터 셋을 활용해 데이터 편중을 막고 정확도를 향상시킬 수 있는 샘플링 방법이고, 기능별로 교차 검증을 하는 Cross validation by feature도 있다. Random sampling(무작위 샘플링)은 지정된 횟수만큼 무작위로 데이터를 선별해 반복해서 평가해 결과를 보여주는 방법이며, Leave-one-out은 전체에서 몇 개의 데이터를 선택해 모델 검증에 사용하는 방법이다. Test on train은 전체 데이터를 본 다음 다음 데이터에 사용하지만, 항상 잘못된 결과를 가져온다. Test on test는 같은 데이터를 가지는 데이터를 테스트하는 방법이다.

Evaluation results for target (None, show average over classes)

Model	AUC	CA	F1	Prec	Recall	MCC
Naive Bayes	0.980	0.900	0.900	0.900	0.900	0.850
Random Forest	0.989	0.945	0.945	0.945	0.945	0.918
kNN	0.991	0.960	0.960	0.960	0.960	0.940
Neural Network	0.993	0.940	0.940	0.940	0.940	0.910
SVM	0.995	0.948	0.948	0.948	0.948	0.922
Logistic Regression	0.996	0.957	0.957	0.957	0.957	0.936

샘플링의 방법에 따라 데이터가 다르게 나오기 때문에, 우리는 Random sampling을 예시로 사용했다. 평가도를 볼 때 각 평가 점수가 1에 가까울수록 분석이 정확하다고 말할 수 있다. AUC는 Area Under Curve라는 뜻으로, 평가한 데이터를 ROC 그래프로 그렸을 때 그래프 아래의 면적을 표현한 것이다. 여기서 ROC(Receiver Operating Charateristic)는 민감도와 특이도로 그려지는 곡선이다. CA(Classification Accuracy)는 분류를 올바르게 한 비율이다. Prec(Precision, 정밀도)은 모델이 True라고 분류한 것중 실제로 True인 것의 비율이며, Recall(재현율)은 실제로 True인 것을 True라고 예측한 비율이고, F1은 Prec와 Recall의 조화 평균값이다. MCC(Matthews correlation coefficient, 메튜 상관계수)는 불균형한 데이터의 모델 성능을 평가한 지표다.

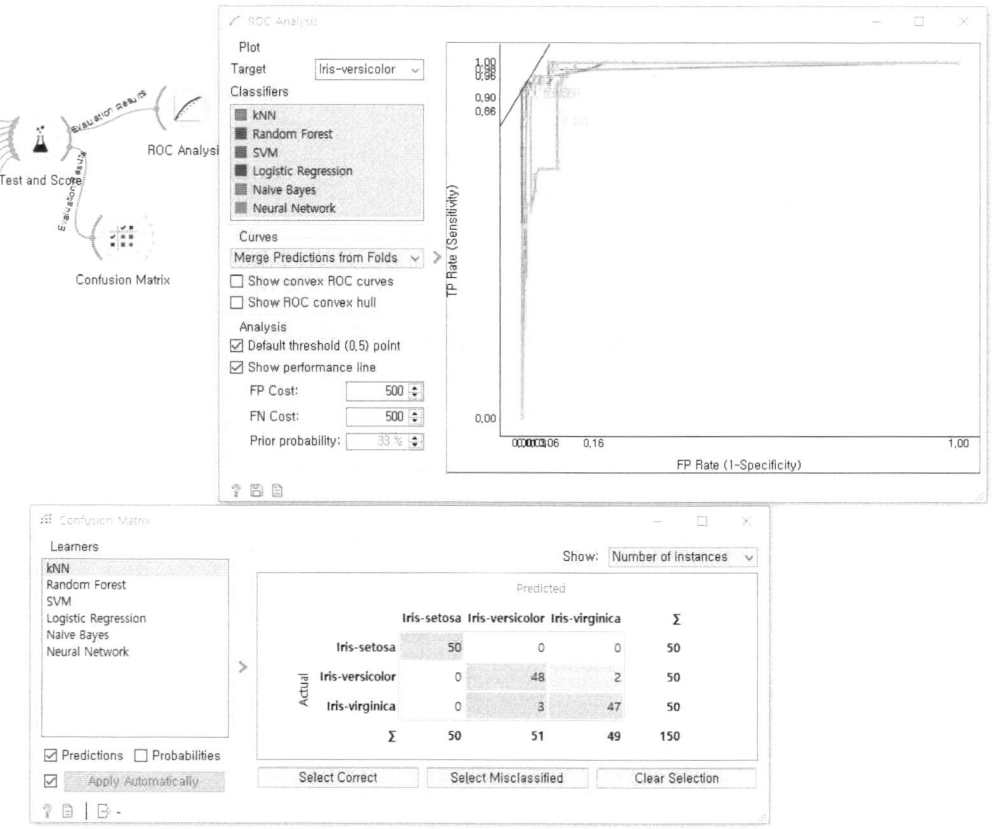

앞에서 AUC는 ROC 그래프 아래 면적이라고 설명했다. ROC 그래프를 실제로 확인하고, 이것이 어떤 의미가 있는지 알아보겠다. ROC Analysis를 Test and Score에 연결하면 위와 같은 그래프를 볼 수 있다. 그래프의 x축은 참값을 잘못 분류할 확률, y축은 참값을 맞게 분류할 확률이다. 그리고 곡선이 왼쪽과 위쪽 경계선을 잘 따라갈 때 분류가 더 정확하다고 볼 수 있다.

각 모델들이 데이터를 어떻게 분류했는지 확인하기 위해 Confusion Matrix 위젯을 활용할 것이다. Test and Score에 Confusion Matrix을 연결하면 모델별로 붓꽃의 종류를 어떻게 분류했는지 볼 수 있다. 그리고 이를 통해 실제와 얼마나 비슷한지(혹은 차이가 나는지) 직접 확인할 수 있다.

Chapter 07 학교에서 활용해보기

 현대 교육에서 데이터 과학의 중요성이 점점 증가하고 있다. 이러한 변화 속에서 Orange 3는 학교 과학 수업에 데이터 과학을 통합하고자 하는 교사들에게 탁월한 도구로 자리 잡고 있다. Orange 3를 활용하면, 학생들이 데이터 분석의 기본 원리를 이해하고, 과학적 탐구 과정에 직접 적용해 볼 수 있다. 이 챕터에서는 Orange 3를 과학 교육에 어떻게 통합할 수 있는지, 그리고 이를 통해 학생들의 학습 경험을 어떻게 풍부하게 할 수 있는지 탐구한다.

 Orange 3의 시각적 프로그래밍 인터페이스는 복잡한 코딩 지식이 없어도 학생들이 데이터 분석을 수행할 수 있게 해준다. 이는 학생들이 과학적 데이터를 조작하고, 가설을 검증하며, 결과를 시각화하는 과정을 직관적으로 이해하도록 돕는다. 데이터 분석의 이러한 실습은 학생들이 과학적 사고와 문제 해결 능력을 발달시키는 데 중요하다.

 본 챕터에서는 다양한 과학 분야에서 Orange 3를 활용한 교육 사례들을 소개한다. 생물학에서는 유전자 데이터의 분석을 통해 진화론적 관계를 탐구할 수 있으며, 화학에서는 물질의 성질을 데이터를 통해 분류하고 예측할 수 있다. 또한, 물리학에서는 실험 데이터를 분석하여 물리 법칙을 실제 데이터와 연결 지을 수 있다.

 이 챕터는 또한 교사들이 수업 계획을 세우고, Orange 3 활동을 교육 과정에 통합하는 방법에 대한 실질적인 조언을 제공한다. 학생들이 과학 데이터를 통해 직접적인 탐구를 수행하게 함으로써, 과학 교육이 이론에서 실제로, 그리고 수동적 학습에서 능동적 탐구로 변화할 수 있도록 한다.

Orange 3를 통해 과학 수업에 데이터 과학을 통합하는 것은 학생들에게 현대 과학 연구의 실제 방법론을 체험할 수 있는 기회를 제공한다. 이러한 접근 방식은 학생들이 미래의 데이터 중심 세계에서 필요한 기술과 지식을 갖추는 데 도움이 될 것이다.

1. 전처리 후 데이터 변화량 분석

Data 탭의 File을 클릭하여 ![File] 을 불러온 후 더블 클릭하여 창을 연다.

위와 같은 창이 열리면 Source탭의 File에 중력 가속도 측정.xlsx(데이터파일 다운로드는 부록을 참고하기 바람.)을 불러오고 창을 닫는다.

Data 탭의 Date Table을 클릭하여 을 불러온 후 다음 그림과 같이 만들고 Date Table을 더블클릭하여 데이터를 확인한다.

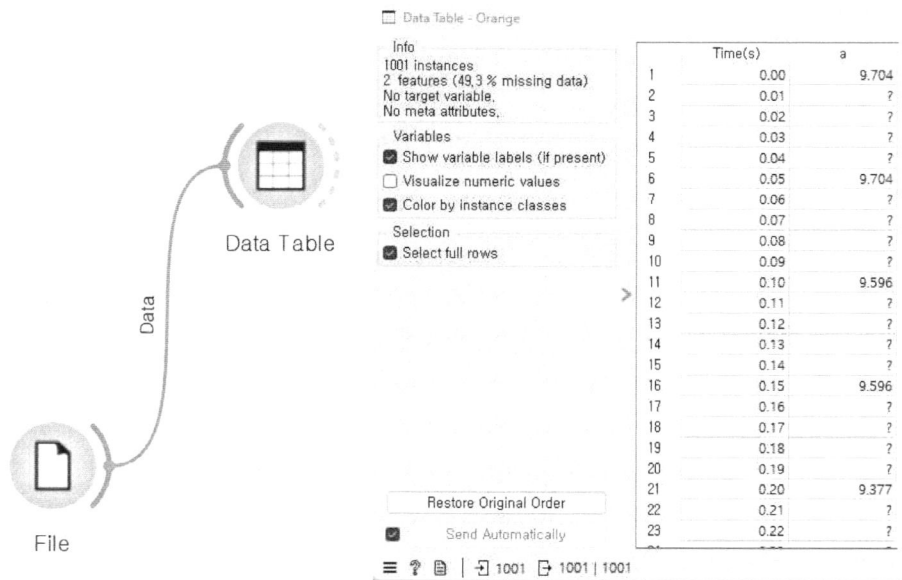

불러온 File에 입력되어있지 않은 값은 ?(물음표)로 표현이 되어있다. 지금부터 이렇게 비어있는 값을 제거하는 전처리를 하도록 하자.

Transform 탭의 를 불러온 후 File과 연결시킨 뒤 Preprocess 창을 연다.

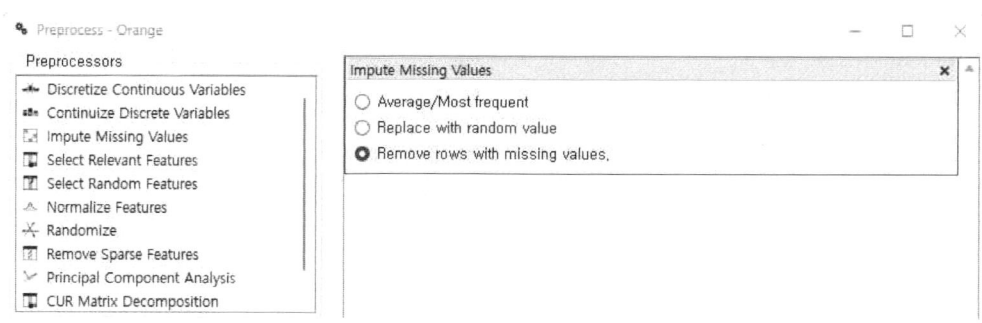

왼쪽 Preprocessors 탭의 Impute Missing Values를 추가하고 오른쪽에서 Remove rows with missing values를 체크한 후 창을 닫는다.

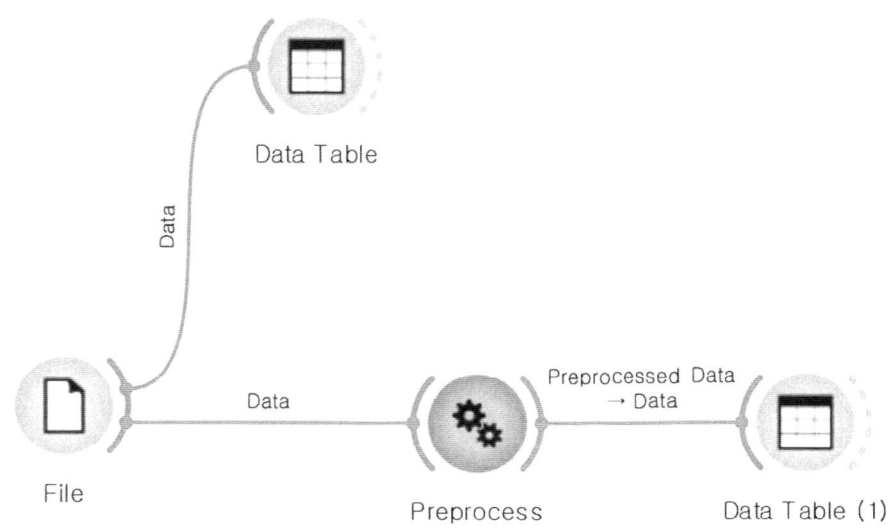

위 그림과 같이 Data Table 를 Preprocess 에 연결시키고 Date Table (1)을 연다.

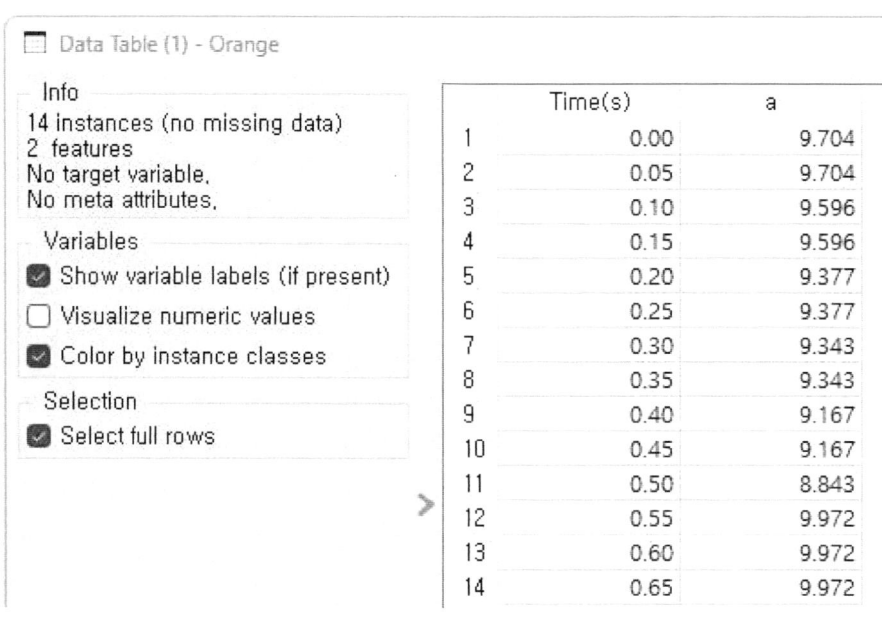

데이터가 비어있어 ?(물음표)로 표기되있던 데이터 행이 정상적으로 사라져 전처리가 되었음을 확인할 수 있다.

이제 데이터의 변화량을 알아보기 위해 Date Table (1)에 Time Series 탭의 Difference를 클릭하여 를 추가하고 Date Table을 연결하여 아래와 같이 만든다.

와 Data Table (2)를 클릭하여 아래와 같이 데이터를 확인한다.

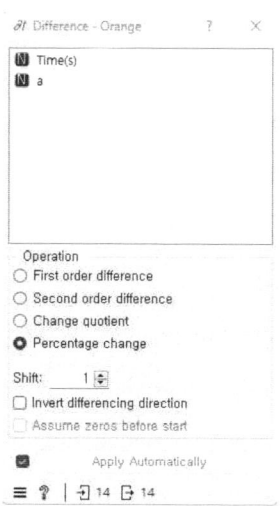

	Time(s)	a	%a
1	0.00	9.704	?
2	0.05	9.704	0.000
3	0.10	9.596	-1.11294
4	0.15	9.596	0.000
5	0.20	9.377	-2.28220
6	0.25	9.377	0.000
7	0.30	9.343	-0.36259
8	0.35	9.343	0.000
9	0.40	9.167	-1.88376
10	0.45	9.167	0.000
11	0.50	8.843	-3.53442
12	0.55	9.972	12.76716
13	0.60	9.972	0.000
14	0.65	9.972	0.000

시간에 따른 변화량을 보고 싶은 데이터 열을 Difference에서 선택 후 Operation탭에서 분석하고 싶은 변화량의 형태를 설정하고 Data Table (2)의 탭에서 분석 결과를 확인한다.

현장에서 이러한 위젯을 이용하여 데이터를 분석한다면 쉽게 데이터 분석을 할 수 있을 것이다.

2. 역학적 에너지 보존 법칙을 보기 위한 수식 전개

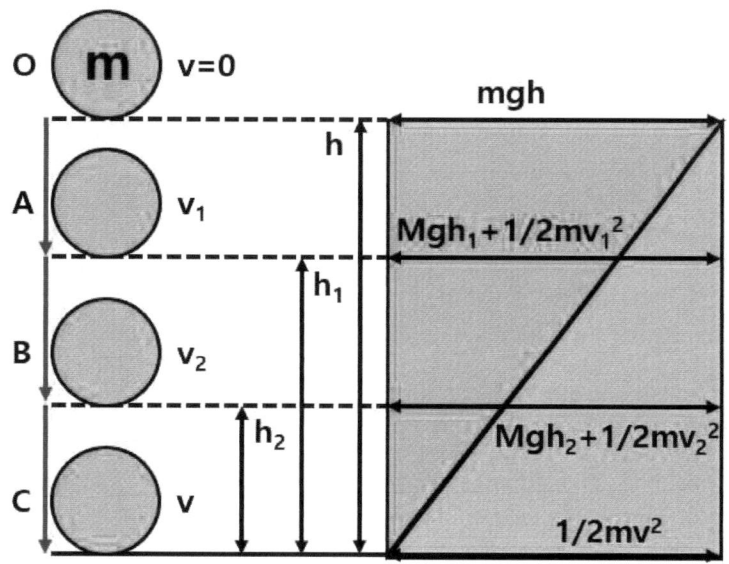

학생들은 중학교와 고등학교 과학시간에서 역학적 에너지 보존 법칙을 배우게 된다. 수업시간에 많이 접하는 만큼 내용 하나하나가 간단하고, 실험도 간단하다. 그러나 역학적 에너지 보존 법칙에 쓰이는 운동에너지와 위치에너지를 동시에 보게 될 때 어려워하는 경우가 많이 있다.

그래서 이번 장에서는 역학적 에너지 보존 실험을 진행한 이후 데이터를 얻었다고 가정하고, 데이터를 가공해 수식을 세워 운동에너지와 위치에너지를 구하고 에너지가 보존되는 것을 보는 방법에 대해 다룰 것이다.

실제 상황에서는 마찰력, 유체저항, 열에너지 변환 등의 요인으로 운동에너지와 위치에너지만 보았을 때 역학적 에너지 보존이 일어나지 않는다. 그러나 이 모든 요인들은 무시하고 이상적인 상황에서의 실험 데이터를 가지고 진행하겠다.

먼저 엑셀 데이터를 확인할 것이다. 이 데이터는 공을 정지상태에서 떨어뜨렸을 경우의 실험 결과 데이터다. 엑셀 데이터를 보고 시간에 따른 가속도와 속도, 높이가 잘 나와있는지 확인한다. 확인한 다음 CSV 형식 파일로 데이터를 저장한다.

Time(s)	a	v	h
0	9.8	0	490
0.01	9.8	0.098	489.9995
0.02	9.8	0.196	489.998
0.03	9.8	0.294	489.9956
0.04	9.8	0.392	489.9922
0.05	9.8	0.49	489.9878
0.06	9.8	0.588	489.9824
0.07	9.8	0.686	489.976
0.08	9.8	0.784	489.9686
0.09	9.8	0.882	489.9603
0.1	9.8	0.98	489.951
0.11	9.8	1.078	489.9407
0.12	9.8	1.176	489.9294
0.13	9.8	1.274	489.9172
0.14	9.8	1.372	489.904
0.15	9.8	1.47	489.8898
0.16	9.8	1.568	489.8746
0.17	9.8	1.666	489.8584
0.18	9.8	1.764	489.8412
0.19	9.8	1.862	489.8231
0.2	9.8	1.96	489.804

데이터가 준비되었으니 오렌지3를 활용해 역학적 에너지 보존법칙을 확인하겠다. 오렌지로 위 분석을 설계할 때 아래 사진처럼 배치하면 된다.

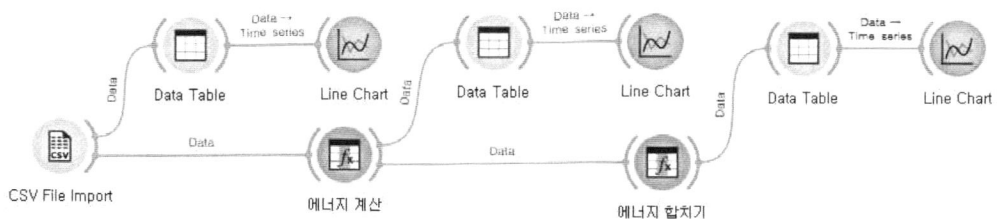

먼저 "CSV File Import"로 sample 데이터를 불러온다. 그 다음 "Data Table"과 "Line Chart"를 활용해 불러온 데이터에 오류가 있는지 확인한다. "Line Chart"는 시간의 흐름에 따른 변화를 그래프 형식으로 시각화하는 위젯이다.

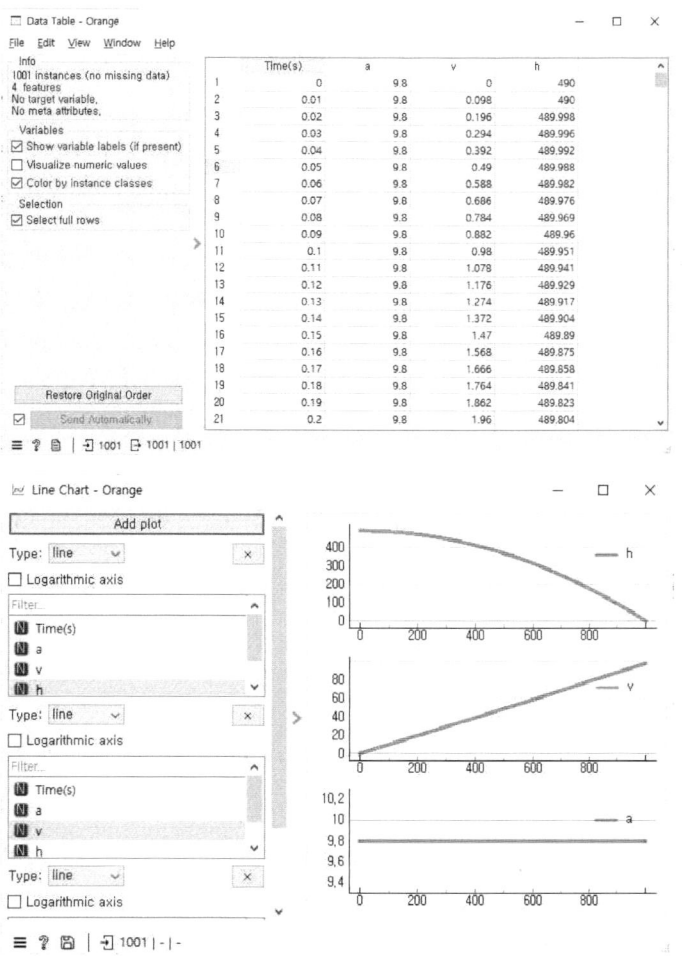

그 다음 "Formula"를 불러온다. "Formula"는 가지고 있는 데이터를 변수로 두어 수식을 입력해 직접 계산해 새로운 데이터를 만들어주는 위젯이다. 이 때 수식은 엑셀 또는 파이썬에서 수식을 전개하는 방법으로 작성하면 된다.

이름과 수식을 적은 다음 "New"를 누르면 새로운 데이터가 만들어진다. 지금 우리에게 필요한 데이터는 운동에너지와 위치에너지다. 운동에너지의 이름을 EK라 짓고 수식은 "0.5*v**2"라고 짓고, 위치에너지의 이름을 EP라 짓고 수식은 "a*h"라고 짓는다. 여기에서 질량은 1 kg이라고 가정하여 수식을 만들었다. 만들고자 하는 데이터를 다 만들었으면 "Send" 버튼을 누른다.

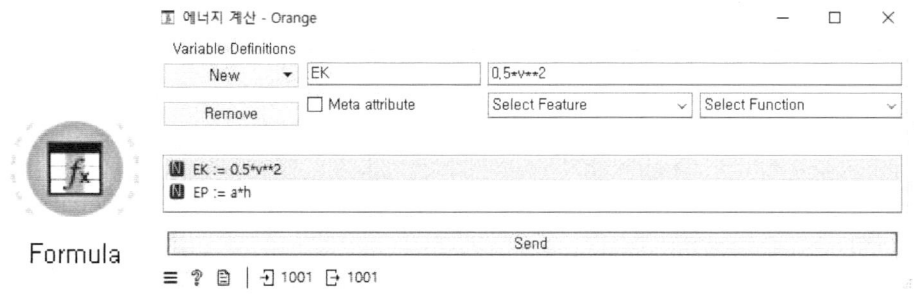

새로운 데이터를 만든 이후 "Data Table"과 "Line Chart" 위젯을 새로 연결해 데이터가 잘 나왔는지 확인한다. 아래와 같이 EK와 EP가 잘 나오는지 확인한다.

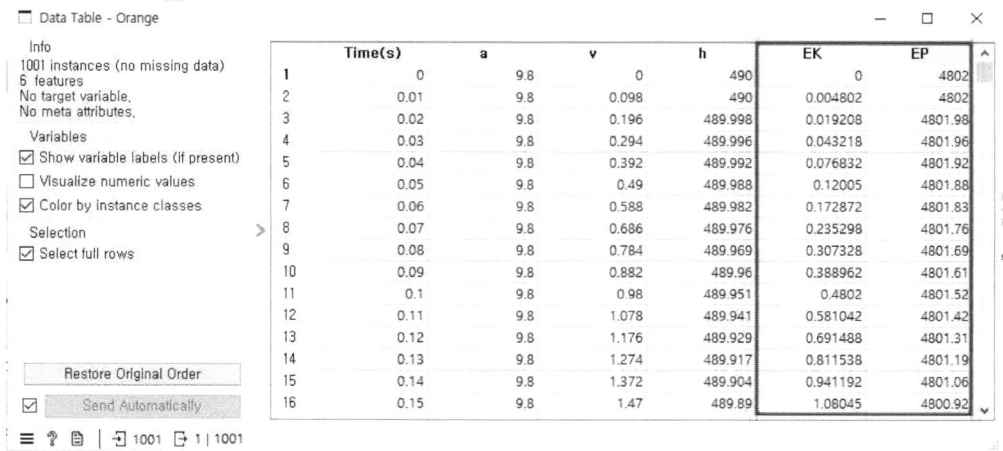

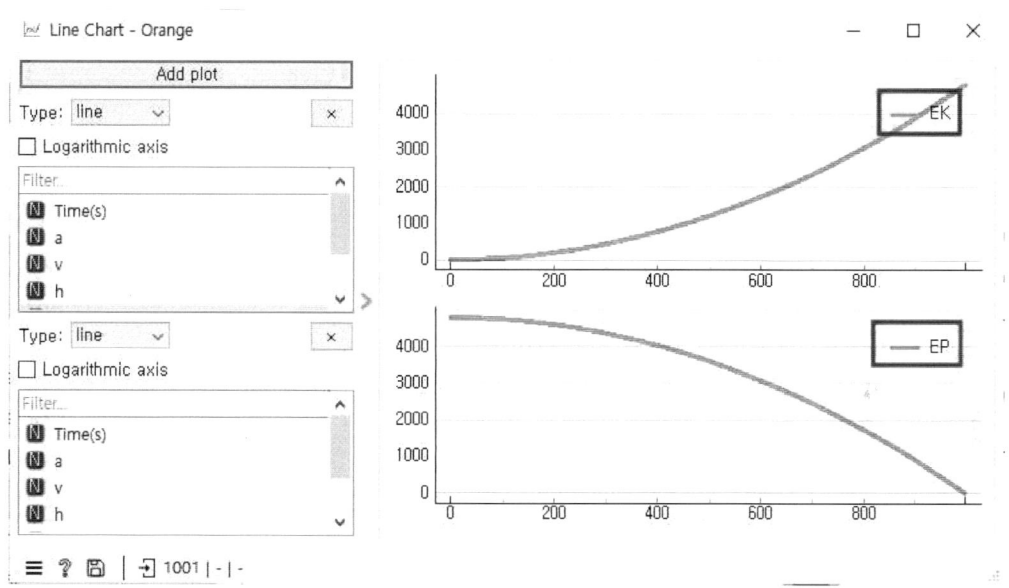

　　마지막으로 역학적 에너지 보존 법칙을 확인할 것이다. 앞에서 보여준 "Formula"을 다시 활용해 새로 만든 데이터를 합쳐 역학적 에너지 데이터를 만들 것이다. "Formula"를 다시 만들고 이름과 수식을 "EK+EP"라 지정한 새로운 데이터를 만들 것이다.

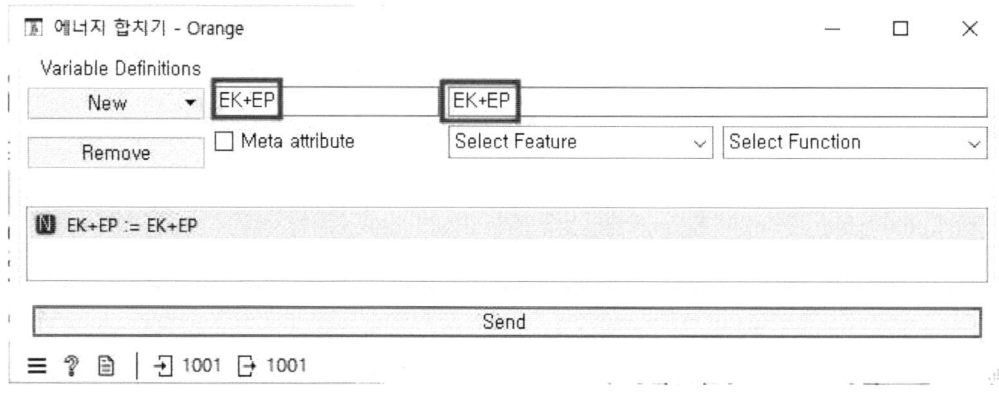

새로운 데이터를 "Data Table"과 "Line Chart"로 확인한다. "Data Table"를 보면 동일한 값이 계속해서 나오는 것을 볼 수 있다. 또한 "Line Chart"를 통해 보면 운동에너지와 위치에너지는 변하지만 두 에너지의 합인 역학적 에너지가 보존되는 것을 확인할 수 있었다. 여기에서 여러 데이터를 동시에 보고싶은 경우, Ctrl을 누른 상태로 여러 개의 데이터를 클릭하면 된다.

	Time(s)	a	v	h	EK	EP	EK+EP
1	0	9.8	0	490	0	4802	4802
2	0.01	9.8	0.098	490	0.004802	4802	4802
3	0.02	9.8	0.196	489.998	0.019208	4801.98	4802
4	0.03	9.8	0.294	489.996	0.043218	4801.96	4802
5	0.04	9.8	0.392	489.992	0.076832	4801.92	4802
6	0.05	9.8	0.49	489.988	0.12005	4801.88	4802
7	0.06	9.8	0.588	489.982	0.172872	4801.83	4802
8	0.07	9.8	0.686	489.976	0.235298	4801.76	4802
9	0.08	9.8	0.784	489.969	0.307328	4801.69	4802
10	0.09	9.8	0.882	489.96	0.388962	4801.61	4802
11	0.1	9.8	0.98	489.951	0.4802	4801.52	4802
12	0.11	9.8	1.078	489.941	0.581042	4801.42	4802
13	0.12	9.8	1.176	489.929	0.691488	4801.31	4802
14	0.13	9.8	1.274	489.917	0.811538	4801.19	4802
15	0.14	9.8	1.372	489.904	0.941192	4801.06	4802
16	0.15	9.8	1.47	489.89	1.08045	4800.92	4802

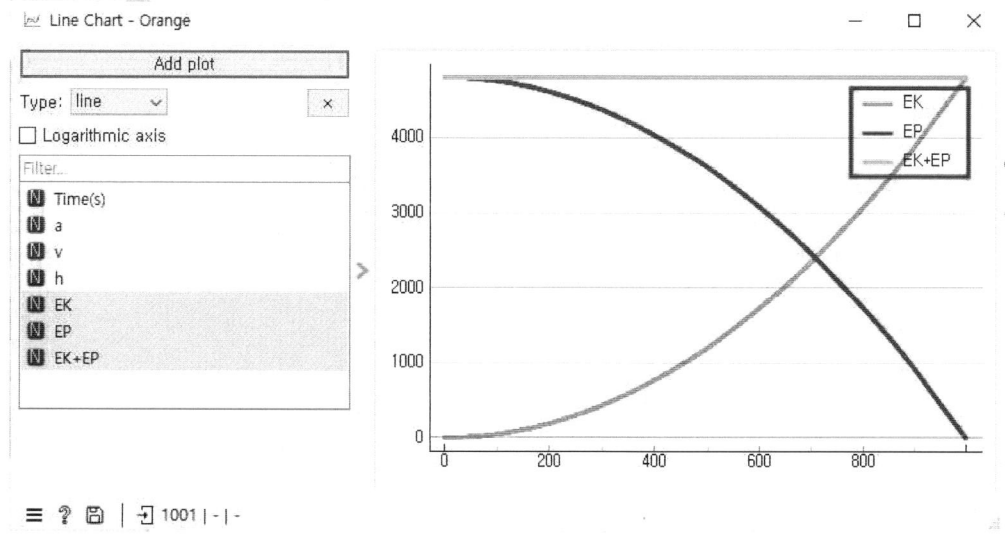

이처럼 Orange를 이용해서 새로운 데이터를 만들고 표와 차트로 시각화하는 방법을 알아보았다. 이 방법을 활용한다면 수많은 과학 실험을 통해 얻은 기본적인 데이터를 가공해 분석함으로써 결과를 분석할 수 있다.

3. 온실가스와 평균기온의 상관관계 분석

전 지구의 평균기온은 지난 과거 100년 동안 약 0.85°C 상승하였으며, 앞으로 미래에는 이러한 추세가 더욱더 가속화 될 것으로 예상이 되고 있다.(IPCC, 2013)

산업혁명 이후 다량의 온실가스가 대기로 배출됨에 따라 지구 대기 중 온실가스 농도가 증가하여 지구의 지표온도가 상승하는 "지구온난화" 현상이 초래되었다. 인위적 온실가스 배출량은 1970년 대비 2004년 약 70% 증가하였다고 한다.(Yoon, 2023)

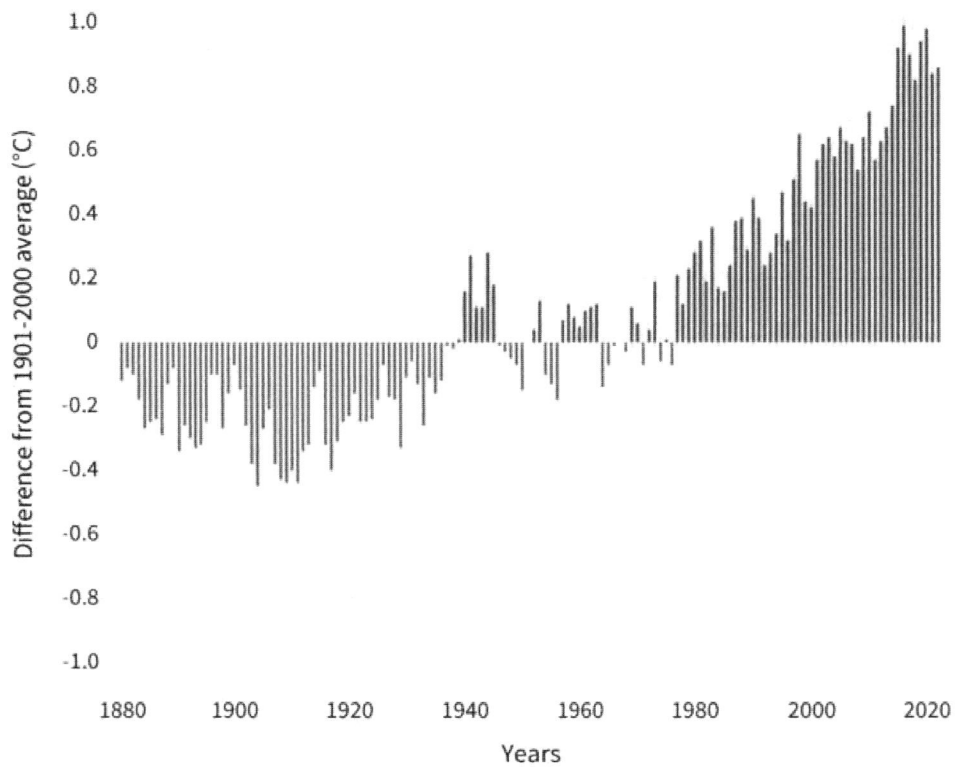

https://www.climate.gov/news-features/understanding-climate/climate-change-global-temperature

지구온난화는 지구의 기온이 증가하는 현상이다. 이에 대한 영향으로 빙하의 감소, 해수면의 증가, 태풍 발생 빈도 증가, 생태계 변화 등이 있고, 자연과 우리 일상 속에 큰 영향을 주게 된다. 지구온난화의 대표적인 원인으로 온실가스가 주목받는다. 이번 장에서는 각 국가별 평균기온과 온실가스 배출량 데이터 사이의 상관관계를 확인할 것이다.

국가별 평균기온은 Berkeley Earth에서 수집한 데이터를 편집했다. 국가별 온실가스 배출량은 국제 에너지 기구에서 발표한 Greenhouse Gas Emissions from Energy의 데이터를 편집했다.

연도	가나7	가봉7	나이지리아7	남아프리카공화국7	네덜란드7	노르웨이7
1990	25.135	22.365	25.786	11.288	16.592	11.214
1991	25.546	22.812	26.283	11.215	18.738	11.834
1992	24.954	21.963	25.727	11.758	18.2	10.169
1993	25.311	22.96	26.307	12.823	16.153	10.718
1994	25.471	22.611	26.083	10.108	21.007	12.486
1995	25.829	23.326	26.644	10.67	19.771	10.404
1996	25.597	22.654	26.587	9.457	16.126	9.862
1997	25.473	22.828	26.563	11.268	17.449	12.47
1998	25.923	23.754	26.933	11.973	16.157	11.113
1999	25.733	23.375	26.107	12.782	18.818	11.198
2000	25.457	22.574	26.202	11.252	15.415	10.798

연도	가나	가봉	나이지리아	남아프리카	네덜란드	노르웨이	뉴질랜드	니제르	대한민국
1990	3.6	9.7	131.5	273.9	149.5	29.8	23.2	1	237.9
1991	3.3	10.7	144.2	269.2	155.6	27.9	23.6	1	261.3
1992	3.8	10.6	156.9	265.4	154.4	30.8	25.4	1	280.7
1993	3.8	10.9	151.2	275.3	159.3	32.9	25	1.1	307.4
1994	4.1	11.7	143.1	281.8	158.4	35	25.1	1.1	331.7
1995	4.4	12.8	154	295	165.4	35.1	25.2	1.1	361.6
1996	4.8	13.7	175.6	304.8	175.1	35.4	26.4	1.2	386.1
1997	4.9	13.4	173	321.5	167.7	37.3	28.8	1.3	406.9
1998	6.8	14.4	158.7	329.8	168	38.6	28.2	1.4	347.7
1999	7.2	13.3	155	311.9	162.6	40.5	29.6	1.4	382.6
2000	6	12.7	171.5	317.9	163.3	35.1	30.5	1.1	437

파일명: 국제_7월_평균기온, 국제_온실가스_배출량

위 표는 81개 국가별 7월 평균 기온을 연도별로 정리한 자료와 81개 국가별 온실가스 배출량과 전체 배출량을 연도별로 정리한 자료다. 단위는 각각 섭씨와 100만 톤 CO2 eq.이며, 1990년부터 2013년까지 자료가 있다.

이제 데이터가 다 준비되었으니 오렌지3를 활용해 평균기온과 온실가스 배출량의 관계를 알아보겠다. 오렌지로 위 분석을 설계할 때 아래 사진처럼 배치하면 된다.

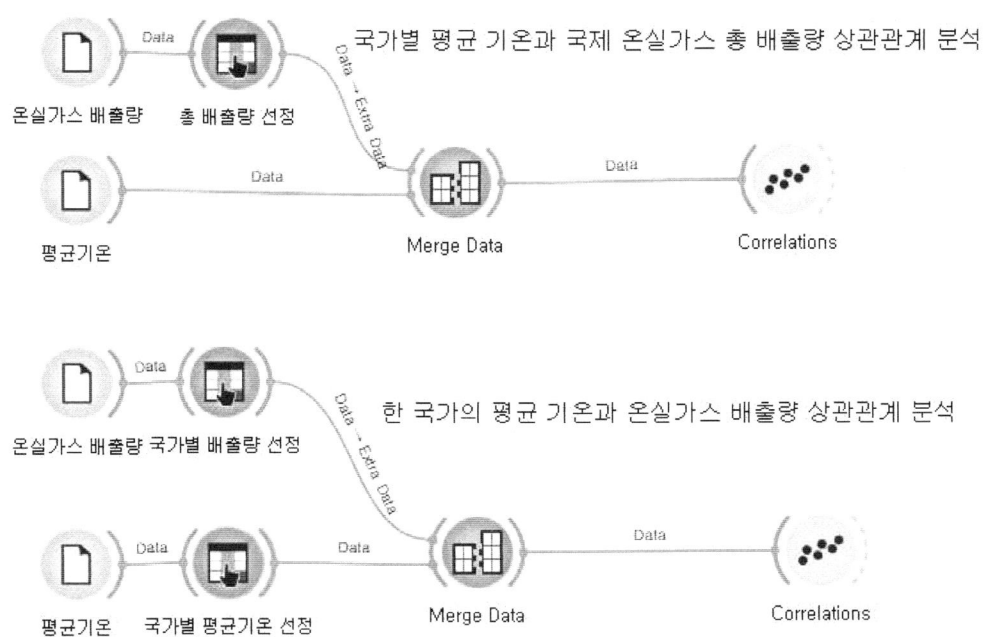

먼저 File을 불러온다. File에서 온실가스 배출량 파일과 평균기온 파일 모두 연도의 Type은 datetime, Role은 meta로 설정하면 된다.

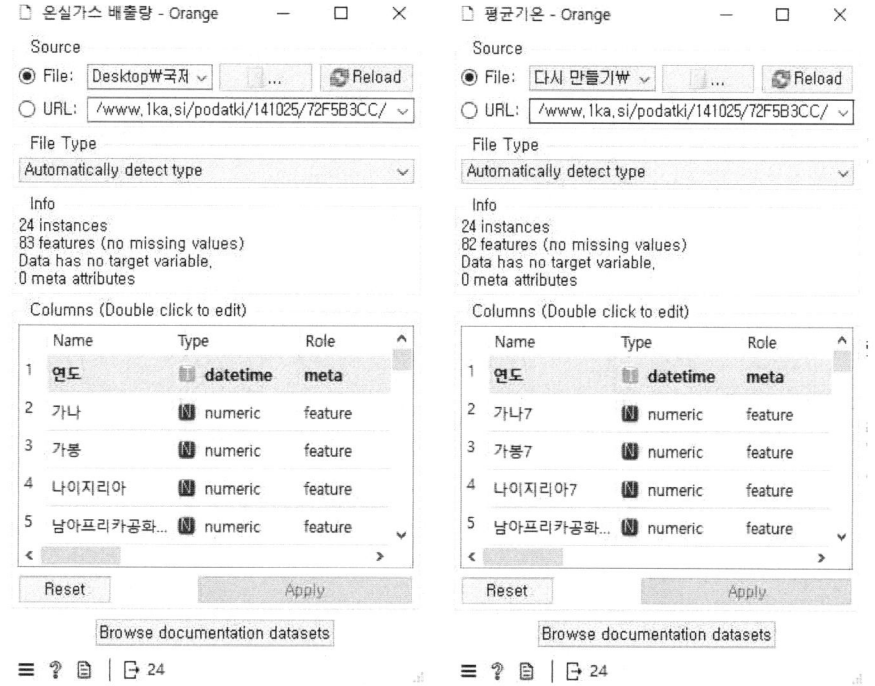

다음으로 Select Columns를 File에 각각 연결한다. Select Columns는 데이터의 속성과 도메인을 개발자가 직접 지정하는 역할을 한다. 이를 활용해 연도를 Meta로, 선택한 온실가스 배출량은 Features로, 선택한 평균온도는 Target으로 지정할 수 있다.

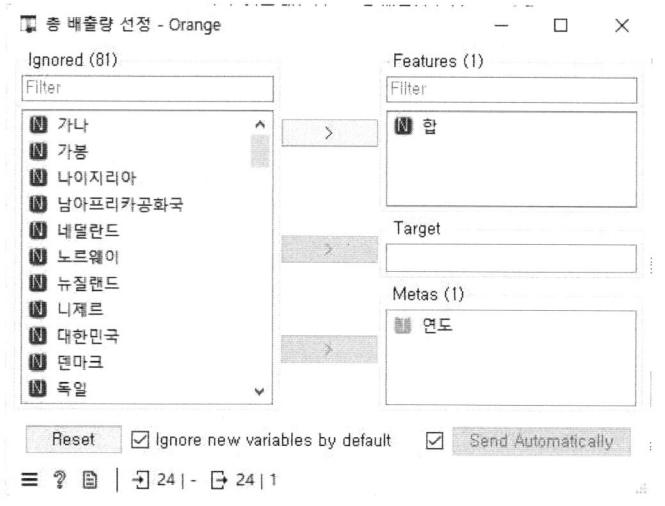

Chapter 7. 학교에서 활용해보기 133

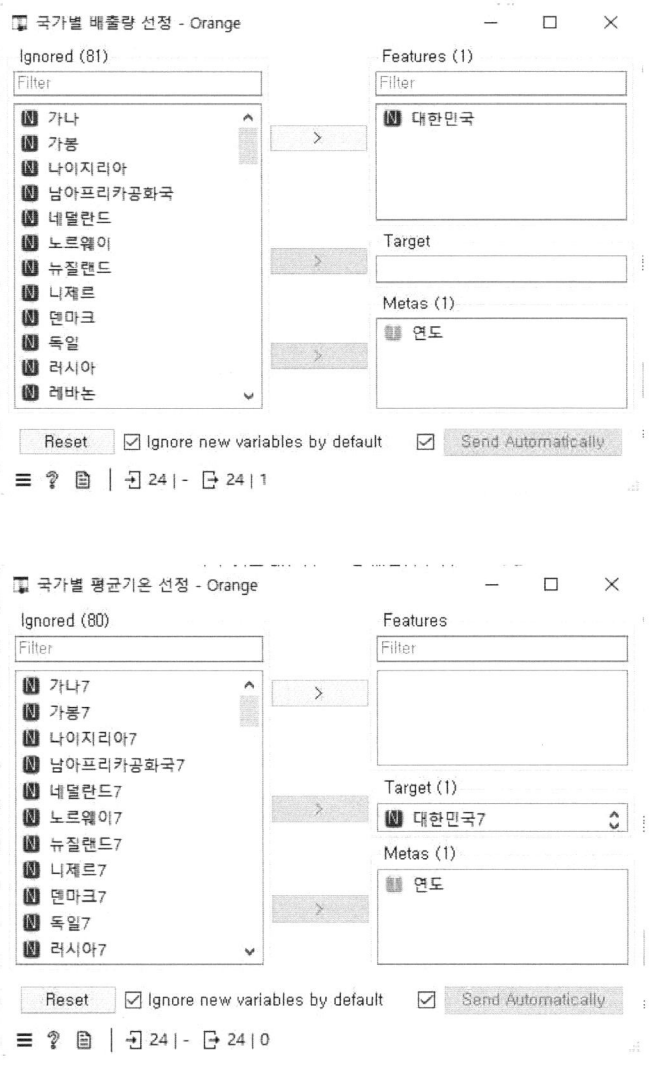

　　이번엔 "Merge Data"를 불러와보자. "Merge Data"는 선택한 특성 값을 기반으로 두 데이터 세트를 병합하는 위젯이다. 이를 활용해 서로 다른 두 데이터인 온실가스 배출량과 평균기온을 한 데이터 세트로 합쳐서 볼 수 있다. 이름이 같은 열이 존재하지만 않는다면 데이터를 자동으로 합쳐준다. 이 장에서는 File 또는 Select Columns에서 연결해 사용하면 된다.

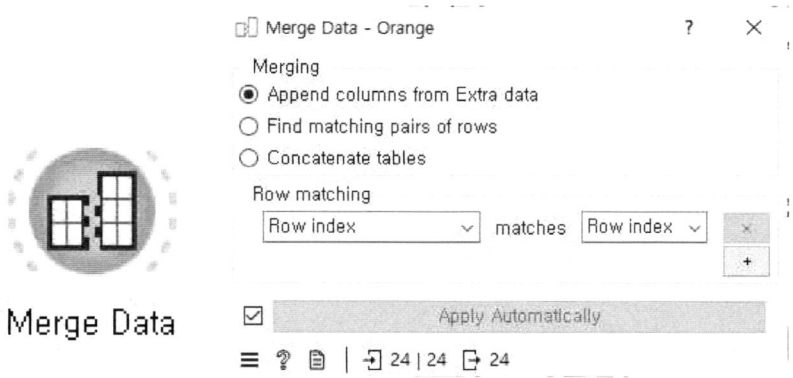

이제 합쳐진 데이터 세트를 활용해 상관관계를 알아보겠다. Merge Data에서 "Collelations"를 연결한다. "Collerations"는 속성들의 상관관계를 계산하는 위젯이다. 데이터 세트를 연결하면 선택된 특징들 사이의 상관도를 볼 수 있다.

여기에서 Colleration 방식을 Pearson과 Spearman을 선택할 수 있다. Pearson은 변수 간 관련성을 구하는 이변량 상관분석이며, Spearman은 데이터가 값이 아닌 순위일 경우 이용하는 상관분석이다. 여기에서는 변수들을 다루기 때문에 Pearson을 선택해야 한다.

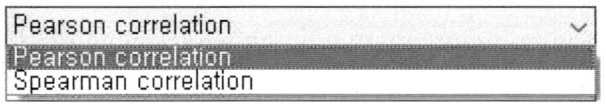

상관분석 결과인 상관도는 -1부터 +1까지 사이의 숫자로 표현된다. 상관도가 +1에 가까울수록 두 변수의 관련성이 매우 크고, -1에 가까울수록 두 변수의 관련성이 완전 반대로 크다는 뜻이다. 상관도가 0에 가까울수록 두 변수는 관계가 없다는 뜻이다.

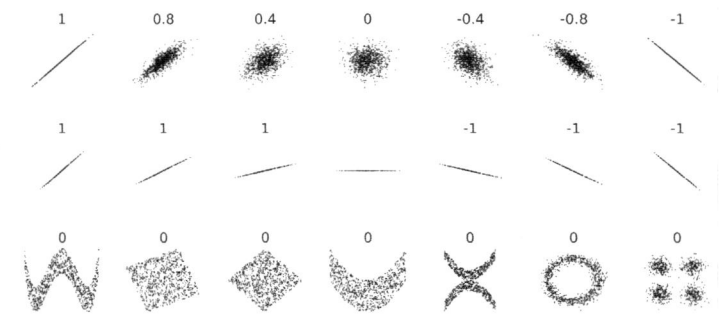

https://ko.wikipedia.org/wiki/%EC%83%81%EA%B4%80_%EB%B6%84%EC%84%9D#/media/%ED%8C%8C%EC%9D%BC:Correlation_examples2.svg

먼저 국가별 온실가스 배출량의 총합과 국가별 평균기온의 상관관계를 볼 것이다. 그 결과 바레인의 상관도가 가장 높았다. 이 결과를 토대로 바레인의 온실가스 배출량과 바레인의 평균기온의 상관관계를 봤더니 상관관계가 있음을 볼 수 있었다. 이를 통해 바레인에서는 온실가스 배출량과 평균기온 사이의 상관관계가 존재하며, 산업 과정에서 어떤 문제가 있을 수 있음을 추측할 수 있다.

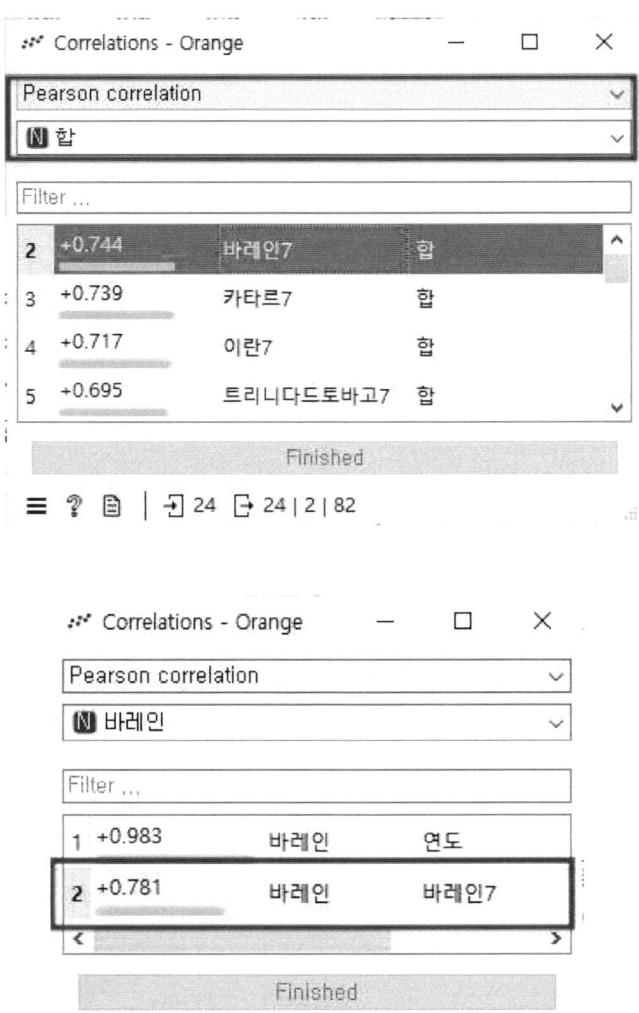

실제로 바레인의 온실가스 배출량과 평균기온 데이터를 Line Chart로 보게 되면, 두 데이터가 유사한 개형을 가지고 시간이 지남에 따라 증가하는 것을 볼 수 있다.

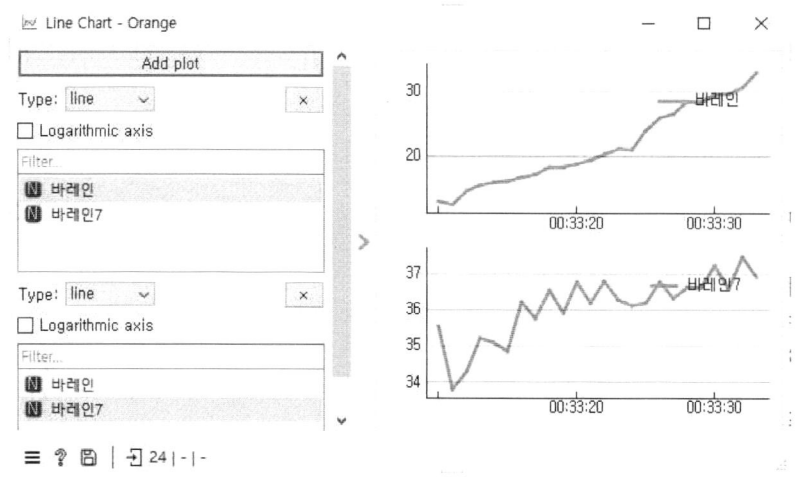

반대로 아래와 같이 상관도가 낮아 온실가스 배출량과 평균기온 사이의 상관관계가 존재하지 않는 경우, 그 나라의 산업 과정에 문제보다, 주변 국가의 영향을 받는 것이 더 크다는 것을 추측할 수 있다.

2 +0.154   대한민국   대한민국7

이처럼 Orange를 이용해서 서로 다른 두 변수의 상관도를 구하는 방법을 알아보았다. 이 방법을 활용한다면 온실가스와 평균기온의 관계 외에 다른 경우에서도 변수들간에 어떤 관계가 있는지 알아볼 수 있을 것이다.

4. 국내 기상 변수에 따른 태양광 발전

21세기 사회에 들어서며 재생 에너지에 관한 관심은 증대되고 있다. 세계적으로도 재생에너지에 대한 관심과 관련 산업이 최근 급격하게 증가하고 있다. 신재생 에너지에는 다양한 종류가 있다. 풍력 발전, 태양광 발전, 바이오 연료, 수력 발전 등 화석 연료를 대체할 수 있는 많은 대안이 제시되고 있다. 이중 태양광 발전은 태양이 사라지지 않는 한 거의 무한한 에너지 자원을 공급받을 수 있으며 발전 과정 자체만 봤을 때 이산화탄소가 발생하지 않는다는 장점을 갖고 있어 각광받고 있다.

태양광 발전은 일조량에만 영향을 받는 것으로 인식되지만, 실제론 그렇지 않다. 태양 전지는 온도, 습도, 운량 등 다양한 기상 변수의 영향을 받는다. 이번 장에서는 온도, 습도, 일조량까지, 이 세 가지 변수를 고려하여 가장 효과적인 태양광 발전 장소를 정해보자.

먼저 각 변수의 특징과 태양 전지를 같이 생각해보자. 먼저 일조량은 그 값이 클수록 발전 측면에서는 좋을 것이다. 일조량이 적은 지역이라면 태양 전지를 설치할 용지가 부족할 것이기 때문이다. 그렇기에 일조량은 가장 그 값이 큰 지역을 고르는 것이 좋을 것이다. 온도는 어떠할까? 태양 전지 또한 기계이기에 과도하게 누적된 열은 태양 전지의 발전 효율을 떨어트린다. 따라서 온도는 낮은 곳이 좋을 것 같다. 습도의 경우, 습한 상황에서 태양 전지 겉면에는 물방울이 맺혀 발전 효율이 떨어진다. 따라서 습도도 낮은 지역을 고르는 것이 좋을 것이다. 정리하자면 일조량이 높고, 온도와 습도는 낮은 지역이 좋을 것 같다.

그렇다면 각 지역의 정보를 얻어보자. 각 지역별 기상과 관련한 정보는 '농업관측통계시스템(OASIS)'를 통해 얻을 수 있다. OASIS의 메뉴를 보면 기상자료가 있다. 우리는 분석을 위한 데이터가 필요하므로 Chart_기상정보에 들어가 보자.

Chart_기상정보에 들어가면 다음과 같은 검색창이 나온다. 여기서 우리가 궁금한 기온, 일사량, 습도를 체크하고 기간은 2022년 1월 1일부터 2022년 12월 31일까지로 선택하자. 여기서 최고 기온을 선택한 이유는 태양광 발전 효율이 떨어지는 온도인 25℃를 넘기지 않는 날이 많은 지역을 선별하기 위함이다.

만일 평균 기온을 고른다면 어떤 일이 생길까? 예를 들어 생각해보자. A지역의 평균 온도는 20℃이다. 하지만 극단적인 상황이어서 일교차가 20℃라면 최고 기온은 30℃쯤일 것이고, 최저 기온은 10℃쯤일 것이다. 최고 기온은 주로 오후 2시쯤으로 태양의 남중고도가 가장 높아 일사량이 많을 때이다. 또한 최저 기온은 해가 지고 난 뒤인 밤일 것이다. 그러므로 평균 기온만으로 지역을 선별한다면 오류가 발생하게 된다. 따라서 우리는 최고 기온으로 태양광 발전 지역을 선정하자.

Chart_기상정보

지역 별 최고기온, 최저기온, 강우량 등 기상 자료 차트 및 데이터

조회기간	일 ∨ 2022-01-01 ~ 2022-12-31	검색 초기화
조회구분	● 최고기온(℃) ○ 평균기온(℃) ○ 최저기온(℃) ○ 강수량(mm) ○ 일조시간(hr) ○ 일사량(MJ/m2) ○ 습도(%) ○ 운량 ○ 적설량(cm) ○ 순간최대풍속(m/s)	
지역구분	● 행정구역선택 ○ 특정지역선택 ○ 주산지선택 ○ 주요지역선택	조회
지역선택	행정구역조회1 / 행정구역조회2 □ 충청남도 □ 강원도 □ 경기도 □ 경상남도 □ 경상북도 □ 광주	
항목선택	□ 당해년 □ 전년 □ 평년(5년) □ 평년(30년)	

이제 원본 자료(raw data)를 모두 얻었으니 이를 우리가 사용할 수 있게 가공해보자. 먼저 지역별로 자료를 모두 합친 뒤, 우리가 보고자 하는 정보를 날짜에 맞추어서 정리해보자. 가장 A행에는 날짜, B행에는 평균 일사량, C행에는 최고 기온, D행에는 습도를 모아놨다. (가공 자료는 예제 파일에 있음) 이제 우리는 이를 분석하는 일만 남았다.

- Seoul
- Seosan
- Chuncheon
- Yeongdong
- Andong
- Pohang
- Sinan
- Gochang
- Jeju
- Jinju
- Mokpo

Date	Average Solar Radiation	Highest Temperature	Humidity
2022-05-04	27.22	25.2	43.3
2022-05-05	29.35	25.8	48.1
2022-05-06	25.6	25.6	67.1
2022-05-07	22.57	23.1	52.4
2022-05-08	6.2	18.2	51.8
2022-05-09	29.25	25.3	56.4
2022-05-10	27.82	26.3	39
2022-05-11	25.73	25.2	50.4
2022-05-12	27.45	28.1	51.5
2022-05-13	19.95	25.2	45.8
2022-05-14	22.58	20	45.5
2022-05-15	30.01	22.4	39.8
2022-05-16	28.89	23.7	56.3
2022-05-17	27.56	27.4	60.1
2022-05-18	15.71	25.4	59.4
2022-05-19	20.97	24.2	53.6
2022-05-20	25.74	25.8	52.8
2022-05-21	24.88	26	70.8
2022-05-22	24.3	25.8	70.9

가장 먼저 오렌지에 Multifile을 불러오자. Multifile은 여러 개의 데이터 파일을 한 번에 불러와서 분석할 수 있게 해주는 위젯이다. 이 위젯의 장점은 변수명만 같다면 다른 파일에 있는 같은 변수를 같이 읽을 수 있다는 것이다. 그리고 파일명을 변수로 지정할 수 있기에 지역별 일사량, 최고 기온, 습도 데이터를 묶어주는 큰 범주도 생성할 수 있다. 하지만 큰 단점이 있다. 파일명이 우리가 지정한 이름 뿐 아니라, 경로로 지정되어 있어 가독성이 매우 떨어진다. 따라서 이를 바꿔주도록 하자.

이번엔 Edit Domain을 불러와보자. Edit Domain은 Categorical 타입의 변수를 재설정할 수 있게 해준다. 따라서 우리는 Multifile을 Edit Domain에 불러와 Filename 변수를 클릭한 뒤 각 값(value)을 지역명으로 단순하게 바꿔주자. Value에 있는 파일 주소를 두 번 클릭하면 이름을 재설정할 수 있다.

이제 직접 그래프를 보기 위해 각 기능을 적용해보자. 먼저 일사량을 보기 위해 Box Plot을 불러오자. Box Plot은 한국어로 수염 상자로, 평균값, 중앙값, 분위수, 표준편차 등 다양한 대푯값들을 한 번에 볼 수 있는 간편한 도구이다. Orange의 Box Plot은 이와 더불어 T-검정 결과와 ANOVA 검정 결과를 보여준다는 장점이 있다. (T-검정과 ANOVA 검정은 부록에 설명되어 있다.) 이제 Edit Domain과 Box Plot을 함께 이어 보자. 그러면 아래 그림과 같은 결과를 볼 수 있다. 그림처럼 가로로 나열된 Box Plot과 각 그래프에 제시된 평균과 표준편차, 그리고 그래프 가장 아래에 ANOVA 검정 결과가 제시되어 있다. Orange에서 제공하는 Box Plot의 장점은 평균값의 크기에 따라 자료를 알아서 배치해준다는 것이다. 가장 아래쪽에 있는 것이 평균값이 가장 큰 데이터 집합이고, 가장 위쪽에 배치된 것이 평균값이 가장 작은 데이터 집합이다. 그림에서 볼 수 있듯, 평균 일조량은 진주, 안동, 목포 순으로 높은 것을 알 수 있다.

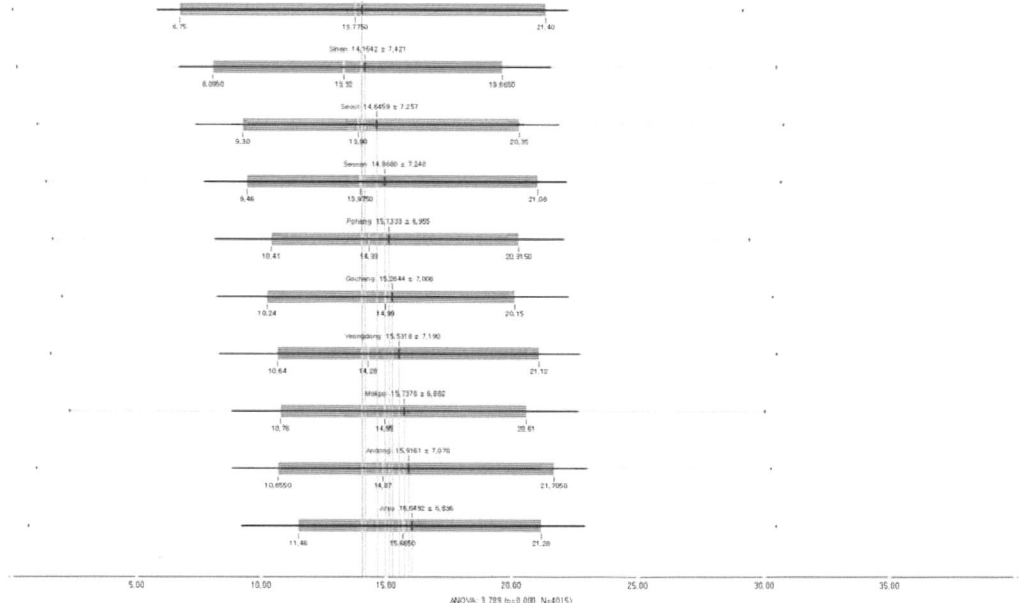

평균 습도도 Box Plot을 이용해 같은 방식으로 살펴보면 다음과 같다. 평균 습도의 경우 포항, 안동, 영동 순으로 가장 작은 것을 알 수 있다.

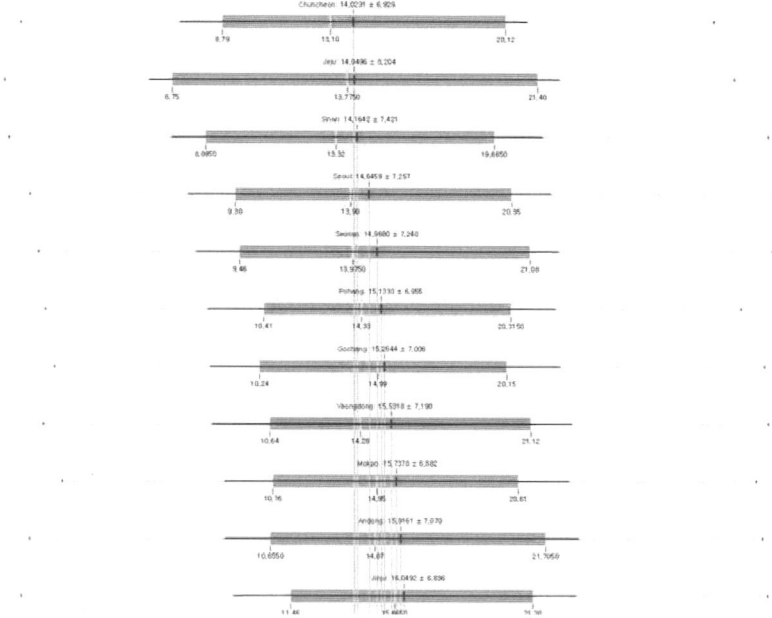

이제 최고 기온에 따른 결과를 볼 차례인데 그 전에 먼저 전처리를 한 개만 더해보자. Select Rows 위젯과 Select Columns 위젯을 불러와보자. Select Rows 위젯은 변수에 조건부 함수를 설정할 수 있다. 그래서 아래 그림처럼 최고 기온에 대한 조건을 최고 기온은 25 이하이다로 조건부 함수를 추가해주자.

Select Columns 위젯은 비교하고자 하는 독립변인과 종속변인을 설정할 수 있다. 우리는 지역에 따른 최고 기온을 볼 것이므로 Features에 Filename을, 그리고 Target에 Highest Temperture를 넣어주자.

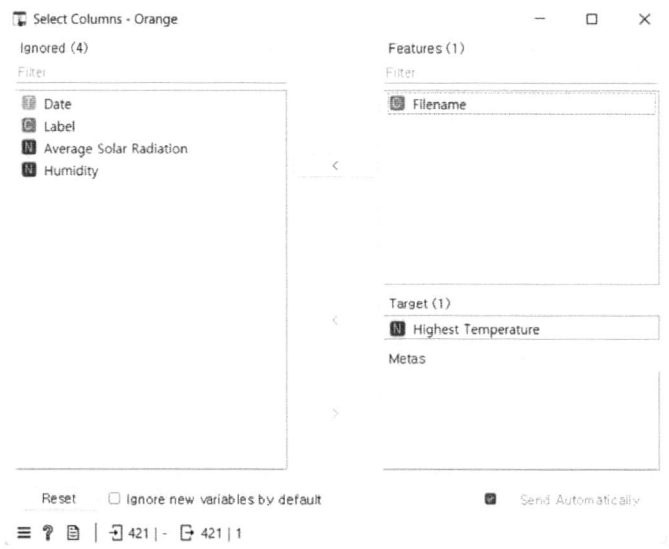

이제 최고 기온을 넘기지 않는 빈도를 보기 위해 막대 그래프를 그려보자. Bar Plot이라는 위젯이 있지만, 이번에는 Distribution 위젯을 사용해보자. Bar Plot의 경우 Multifile이 지원이 안되지만, Distribution은 multifile을 사용해도 x축에 각 변수를 지정해주므로 이 위젯을 사용했다. 위젯을 연결하면 다음과 같은 그래프를 볼 수 있다. 그래프를 보면 신안이 가장 25℃ 이하인 날이 많고, 영동, 포항이 그 다음인 것을 알 수 있다.

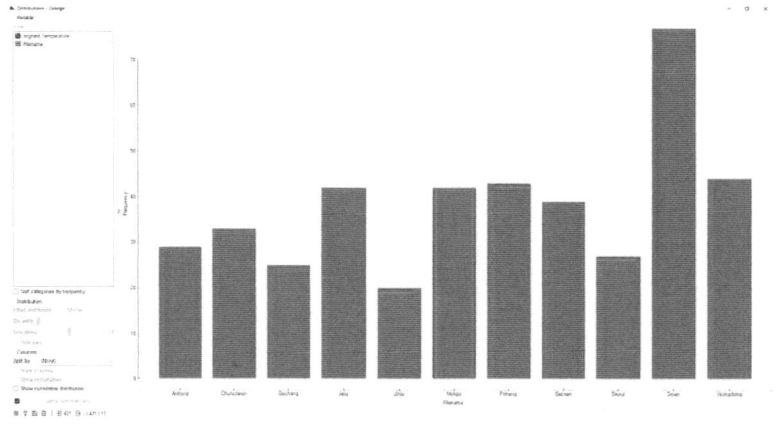

종합해보면 다음과 같다. 이때 1등인 지역에 3점, 2등인 지역에 2점, 3등인 지역에 1점을 부여해서 종합적인 순위를 매겨보면, 안동과 포항이 가장 점수가 높다. 따라서 '안동'과 '포항'의 태양광 발전 설치 효율이 가장 크다는 것을 확인할 수 있다.

순위 \ 변수	평균 일조량	평균 습도	최고 기온
1	진주	포항	신안
2	안동	안동	영동
3	목포	영동	포항

이처럼 Orange를 이용해서 다변수 데이터를 분석할 수 있는 방법을 알아보았다. Excel로 데이터를 자동 분석할 때 데이터의 변수가 너무 많고, 서로 간의 종속 관계가 많을 때, Orange를 이용해서 데이터를 분석해보는 것은 어떨까?

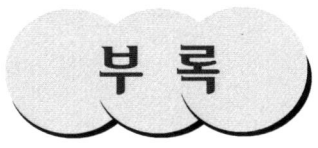

분류모델 평가 | Confusion Matrix, ROC AUC

주어진 데이터로부터 미지의 값을 예측할 때, 의도에 맞게 잘 예측했는지 알기 위해서는 평가지표가 있어야 한다. 즉, 평가의 기준이 있어야 하는 것인데, 분류작업에서는 대표적으로 모델이 얼마나 정확한 분류를 했는지 + 얼마나 정밀한지 + 실용적인 분류를 해냈는지에 대해 평가를 수행한다. 이러한 내용을 모두 포함하는 것이 confusion matrix이다.

1. Confusion Matrix

	Predict	
	Positive	Negative
Actually Positive	TP	FN
Actually Negative	FP	TN

이진 분류를 한다고 가정해보자. 주어진 데이터를 Positive, Negative로 분류한다고 할 때 우리의 관심 범주는 Positive라고 하겠다. 그렇다면 모델을 통해 분류된 결과를 아래와 같이 4가지 정보로 나눌 수 있다.

(Positive = P / Negative = N 이라고 간단히 표현하겠다.)
- TP(True Positives): 실제로 P인데, P로 분류된 경우이다. 우리의 관심 범주를 정확하게 분류한 값.
- FN(False Negatives): 실제로 P인데, N으로 분류한 경우이다. 관심 범주를 관심 범주가 아니라고 잘못 분류한 값

- FP(False Positive): 실제로 N인데, P로 분류한 경우이다. 관심 범주가 아닌데 관심 범주라고 잘못 분류한 값.
- TN(True Negative): 실제로 N이고, N으로 분류한 경우이다. 관심 범주가 아닌 것을 정확하게 분류한 값.

이 4가지 정보를 바탕으로, 3가지의 평가 척도를 얻을 수 있다.

- **정확도(Accuracy)**

	Predict	
	Positive	Negative
Actually Positive	TP	FN
Actually Negative	FP	TN

정확도(Accuracy)는 P를 P로, N을 N으로 정확하게 분류해낸 것을 말한다. 즉, 모델이 얼마나 정확한지를 평가하는 척도이다. 이 값이 높을수록 예측 정확도가 높다고 할 수 있다. 그리고 이 값으로부터 에러율을 구할 수 있는데,

Error Rate = 1 - Accuracy 로 나타낼 수 있다.

하지만 정확도만으로 모델을 평가하는 것은 편향에 빠질 수 있다. 예를 들어, 긍정인 것은 예측을 잘 했으나 부정적인 것들에 대해 예측을 잘하지 못했다면, 정확도는 잘 도출되었더라도 부정적인 것은 예측을 잘 못하기 때문에 좋은 모델이라고 할 수 없기 때문이다. 이를 해결하기 위한 지표가 F1-Score이다.

- **정밀도(Precision)**

	Predict	
	Positive	Negative
Actually Positive	**TP**	FN
Actually Negative	**FP**	TN

정밀도(Precision)는 주어진 데이터를 모델이 P라고 분류한 것들을 보고, 모델이 얼마나 믿을만한 정도로 분류했는지 평가하는 척도이다. 즉, 예측한 값들 중에서 얼마나 잘 예측했는지를 나타내는 척도이다.

- **재현도(Recall)**

	Predict	
	Positive	Negative
Actually Positive	**TP**	**FN**
Actually Negative	FP	TN

재현도(Recall)는 전체 예측 중에 P를 P라고 예측한 TP가 얼마나 많은가에 관한 것이다. 관심 영역만을 얼마나 잘 추출했는지 의미한다. 모형의 실용성과 관련된 척도이다.

또한, 정밀도와 재현도를 통해 F1-Score를 구할 수 있다.

- **F1-Score**

$$2 * \frac{\text{Sensitivity} * \text{Precision}}{\text{Sensitivity} + \text{Precision}}$$

F1-Score는 보통 불균형한 데이터 분포에서의 분류문제에 평가척도로 사용된다. F1은 정밀도와 재현도를 이용해 조화평균을 구하여 평가척도를 구성했기 때문에, 불균형 데이터일지라도 값의 크기 차이가 어

느 정도 상쇄되므로 데이터 분류 클래스의 분포가 균일하지 못할 때 많이 사용된다.

- **민감도, 특이도**

더 나아가서, 민감도와 특이도에 대해 알아보자. 민감도와 특이도는 크게 다르지 않다.

	Predict	
Actually Positive	TP	FN
Actually Negative	FP	TN

	Predict	
Actually Positive	TP	FN
Actually Negative	FP	TN

민감도(Sensitivity)는 재현도와 동일하다. 실제 P를 P라고 예측한 비율이므로 민감도가 높을수록 좋은 척도라고 할 수 있다. 민감도는 맞은 것을 맞았다고 잘 예측한 수치 True Positive Rate(TPR)를 나타낼 수도 있다.

특이도(Specificity)는 민감도와 정반대의 개념이다. 즉, 우리의 관심영역이 아닌 부분의 민감도라고 생각할 수 있다. 특이도는 틀린 것을 틀렸다고 잘 예측한 수치 True Negative Rate(TNR)로 나타낼 수도 있다.

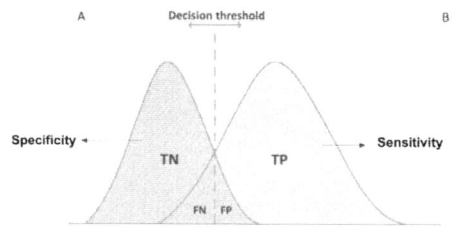

두 지표의 분포도를 그려 살펴보면, 중간에 Decision threshold 부분이 예측 값에 대한 cut off를 의미하고 기준이 되는 임계치를 나타낸다. 이 임계치를 어떻게 설정하는지에 따라 민감도와 특이도의 값이 달라진다.

분포도를 확인해보면 항상 환자를 예측하는 것, 비환자를 예측하는 것 사이에는 에러를 교집합으로 포함하고 있기 때문에 최적의 cutoff를 찾았다고 해도 어느정도의 오차는 포함할 수 밖에 없다. 또한, 임계점에 따라 살펴보면, TPR과 FPR은 비례관계이고 TNR과는 반비례 관계임을 알 수 있다.

2. ROC Curve + AUC

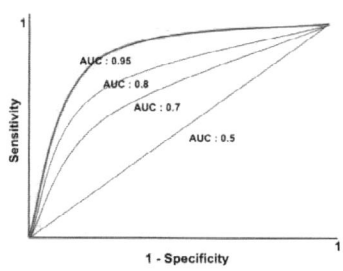

Confusion Matrix만으로 모델의 평가가 부족할 수 있어, 모델의 효율성을 평가하는 또다른 척도로 ROC Curve라는 것이 존재한다. 모델의 효율성을 민감도, 특이도를 이용해 그래프로 나타낸 것이다.

ROC 커브와 x축이 이루고 있는 면적의 넓이를 AUC(Area Under Curve)라고 하며, x축 FDR(False Positive Rate)은 틀린 것을 맞았다고 잘못 예측한 수치이고, y축 TPR(True Positive Rate)은 맞은 것을 맞았다고 잘 예측한 수치를 나타낸다. 이 커브 곡선으로부터 최적의 threshold를 찾을 수도 있다.

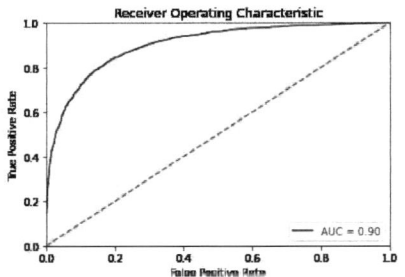

또한, 이 두 축 사이에 ROC 곡선은 FPR이 작은 상태에서 얼마나 큰 TPR을 얻을 수 있는지에 대해 의미하고, 면적이 1에 가까울수록 최적의 분류모델이 될 것이다. 다만, 좀 전에 살펴본 TN, TP의 분포도에서 보았듯이 어느 정도의 오차는 포함하기 때문에 1의 AUC를 가지긴 힘들다. 물론 두 분포가 겹치는 부분이 없다면 높은 AUC를 도출할 수 있을 것이다.

　요약하자면, 우리는 분류문제에서 무조건 정확도로만 모델의 성능이 좋고 나쁜지를 평가하는 데에는 한계가 있다. 그래서 데이터 마다의 클래스 분포, 상황에 따라서 다른 지표들과 함께 모델의 성능을 평가해야 한다. 그 지표로 F1-Score와 ROC AUC를 통해 평가 척도를 검증하는 것이다.

저자 약력

장원빈 공주대학교 사범대학 물리교육과 대학원
강지호 공주대학교 사범대학 물리교육과 대학원
김도연 공주대학교 사범대학 물리교육과 대학원
김문기 공주대학교 사범대학 물리교육과 대학원
박상태 공주대학교 물리교육과 교수

교사를 위한 데이터 과학: Orange 3로 시작하기

인　쇄 | 2024년 2월 28일
발　행 | 2024년 2월 28일

저　자 | 장원빈, 강지호, 김도연,
　　　　김문기, 박상태
발행인 | 박상규
발행처 | **도서출판 보성**

주　소 | 대전광역시 동구 태전로126번길 6
전　화 | (042) 673-1511
팩　스 | (042) 635-1511
E-mail | bspco@hanmail.net
등록번호 | 61호
ISBN　978-89-6236-242-8　93400

정가 15,000원